# 飛客心法
## POINTS WINNER

航空評鑑祕密客28個私房密技，
用哩程／點數飛‧住全世界

WRITEN BY
**RETON KAO**

## D3 ／ D3 課程與諮詢創辦人

哩程或點數就像實現夢想的工具,像煉金師的魔法棒,想法多寬廣,就能飛多遠。五年來的飛行踏過世界各處,因此開展的視野,和待在台灣的經驗大不相同,我常說,『哩程是個難進也難出』的大坑洞,一旦跨進來,永遠都不想翻出去,你前方是個深達千丈的坑洞,即便天光仍然暗不見底,身邊好朋友不斷吆喝著跳進去啊快跳啊,看著烏漆媽黑的洞,你敢跳嗎?

哩程的有趣之處,在於難以理解,難以觸摸,難以入門;這些困難之處,阻擋了許許多多想進這個坑洞的新人,這是哩程的難進之處,即便運氣非凡,做對了第一件事,辦了一張適合自己的哩程信用卡,開了人生第一張哩程票,接下來的路可能像瞎子摸象,方面不對,方法不適合,兜兜轉轉了半天,仍然在經濟艙哩程票徘徊,無法體會更深一步的商務艙或頭等艙的有趣。

《飛客心法》就像一本哩程界的辭海,初入門時給予明燈般地指引;《飛客心法》,不只讓你變成飛客,更可作為信用

卡客、飯店客、航空公司高卡客的四書五經；《飛客心法》，由淺入深，簡單到困難的心法，循序漸進，慢慢累積；初入門的哩程新手，大多會有哩程界博大精深，眼花撩亂，吃著手裡看著碗外的羨慕感，然而，世界上沒有最好的哩程，沒有最棒的心法，沒有最優的信用卡；惟有最適合你的哩程，最適合你的心法，最適合你的信用卡。入門啟讀，步步學習，切忌貪多嚼不爛，循序漸進照著心法一條一條積累，必能成自家之道，找到最適合自己的哩程心法．待到那時，換作你是大聲吆喝朋友跳進不見底坑洞的那個人了！

還記得你第一次飛行的初心嗎？還記得你第一次望向窗外機翼引擎的感動嗎？還記得第一次搭飛機的回憶嗎？想像多寬廣，就能飛多遠！《飛客心法》讓你飛行無遠弗屆！有緣，我們空中相見。

## 虎咪╱知名哩程部落客

已經忘了認識睿騰是多久以前的事情了，我們的相遇全因常旅客計畫而起，本來是兩個不同世界的人，有各自的生活圈，竟然會因為常客計畫而每日無所不談！?哩程就是有這樣的神奇魔力！我們有時討論機票的開票方式、有時討論去哪兒刷卡怎麼刷能有最多回饋，有時則討論市區停車的「正確

姿勢」，這可不是如何把車停好，而是我們如何善用信用卡福利，降低在寸土寸金的城市中停車的支出。在沒有看過這本書之前，我一直在想：如果有一本哩程工具書，那它的正確打開方式應該是什麼？哩程世界的規則繁複，每一家都有不同的規定，而且可能一日數變！若是真有一本書，那是不是還得時常改版；或者，面對廣大讀者，如何推出一本老少咸宜的哩程工具書？在看到這本《飛客心法》後，我想我們有了答案。睿騰的這本書是以個案的情境帶入，讓甫接觸哩程的新手有很強的帶入感，而我們這種已經接觸哩程十年的老手，竟也是一頁接著一頁，有些例子看了心有戚戚焉。常常有人問我：「虎咪，我想要跟你學習哩程！要怎麼樣才能像你一樣，常常坐商務艙？」在我多年的哩程課題教學經驗裡，看人學習哩程是一件有趣的事情。有些人很認真，可是一年下來見他做了很多筆記，卻還沒出門，最後建議大家，旅行就像人生一樣，準備一半就可以開始邊學邊動了！你不妨帶著這本書，一起使用平日所積攢的哩程紅利，享受哩遇人生！

## 傑菲亞娃／旅遊達人

與 Reton 有近一年的同事緣分，初次見面感覺他靦腆的笑容下有著隱隱的孤傲氣質，這樣的印象令人好奇 Who is he ??

幾次會議後，發現他的思維、想法、邏輯很特別，即便當下看不出執行的模式卻也是未來趨勢所指，這時候讓我清楚知道，他是誰不重要，而是他的腦袋很有料。這年頭有外表又有「內涵」的年輕人真的不多了，認識他著實令我開心。

我是個重原則、講效率的執行者，很不能適應冠冕堂皇、投其所好的工作者，這樣的人無法讓我心服口服。多年前開始風行「累積哩程」的優惠方案，大都是航空公司自家所推出的活動，許多紙上談兵的分享毫無誠意可言，如此「演戲」又怎能讓人認真看待活動內容。

終於我在Reton的經驗分享中，得知能以哩程點數增加旅遊航程及信用卡能加速實現願望……等，這些無法想像的方法卻能落實得如此清楚，對我這個長期旅遊的工作者，有了非常重要的領悟，原來～哩程數可以這樣玩，而Reton強大說服人的魅力，被我視為征戰無數的「飛客大師」。

在推廣旅遊的日子裡，無論是在節目、廣播、講座，甚至是自己的官網都有不少粉絲或觀眾群詢問，如何能把深奧的「哩程遊戲」融入生活中，坦白說我都要花很多時間做功課才能回答部份，為此曾感到非常汗顏。但～現在不怕囉，Reton終於把「飛客心法」生出來了，所有的經驗心得及私房密技都在這本書裡，如此這般無私分享，實在是太好了。

## 瞿光復／旅遊達人

於2016年的夏天認識了Reton，後來持續一年的時間在一起創業工作。Reton是一位對於服務細節非常敏銳，而且對於質感要求異常專注，以及持續追求新事物的年輕創業者。他是我所見過少數優秀的品牌操盤者、活動策劃者之一，除了私底下很有想法之外，也很擅長用簡報來公開傳達觀念，十分具有說服力。

在下是一位旅遊業界資深的產品經理，因緣巧合成了電視節目的旅遊名嘴，同時也是旅行社的負責人。旅遊業是一個流動變異性很大的行業，需要用理性與溝通能力去整合不同的產業區塊，才能獲得經營上最大的優勢。如宮本武藏主張，「廣涉諸藝，培養心性，將世事與兵法同學。」透過接觸哩程（或稱常旅客計畫）相關的知識技術，彌補了我個人掌握旅遊現狀的知識盲區，重新認知已然從事超過十多年的旅遊業，找到一個有效開拓旅遊商業邊疆的新方向。

這一本主要討論哩程心法的書，台灣這方面的著述也很少，Reton身為一個創業者，工作之餘還不忘奮發著述，值得欽佩，哩程的世界博大精深，如兵無常勢、水無常形，哩程的規矩是航空公司訂的，它會不斷的被修正調整，難以形成經典定律。尤其很多真正好的方法，是越少人知道越好，通常是愈多人使用，實際的效果就會越減少。所以Reton將

本書定名為《飛客心法》，從無到有交代了自己在哩程大海裡修行練功的歷程，把數年來累積的功力用實際故事來說明，為的是讓大家有很多好的方法可以參照，與大家一同品味其中的原則與心得，此書是 Reton 簡明闡述的誠意之作。

　　阿基米德說：『給我一個支點，我將撬動地球。』而哩程的知識技術也如同是撬動旅行的一個支點，端看您如何使用？小則擴展個人體驗，大則增進產業革新，哩程能夠擴大旅遊有限經費的效果，取得一條體驗高端旅程的捷徑，建構適合您品味的人生視野。從追求省錢、追求福利到追求境界，這是一個修煉的過程。這裡面的高手很多，互相不斷地切磋討論精進，本書介紹的幾個方向，比如『外站票斷點與中停的概念』、『樞紐航站的選擇』、『各哩程計畫的優點』、『如何善用信用卡進行累積』都相當實用，希望大家喜歡 Reton 的這本書。

# 目錄 Contents

前言　**我如何成為航空、飯店
評鑑祕密客？**

　　因為個性偏執又注意細節，我在當兵前的學生時代在高級飯店當過幾年的Butler（一般稱之為管家，在飯店專門服侍名人貴客），雖然沒有打算終身以此為業，但也開啟我對於旅遊產業的關注，等到當完兵開始創業後，有更多的機會住宿飯店，我都會做一件一般住客不太會做的事：「寫客戶意見函」。

　　我不是光寫上三言兩語的感謝之意而已，而是會把住宿期間對服務細節的觀察、硬體設施的改進建議，密密麻麻地寫得十分詳盡，我想，或許是因為很少有旅客會做這樣的事，「有位很會寫客戶意見的亞洲年輕人」竟然被知名的國際酒店聯盟品牌The Leading Hotels of the World知道了，邀請我去免費試住倫敦攝政街相當有名的Cafe Royal Hotel，提出讓他們能更迎合亞洲旅客喜好的建議，這是我人生中第一次擔任祕密客的工作。

　　沒多久，在倫敦唸書的朋友引薦航空評鑑機構Skytrax的高層給我認識，多次聊天中我們相談甚歡，在他看過我翻譯過去寫過的飛行體驗文章後，某次突然問我，願不願意幫

Skytrax擔任祕密評鑑員？雖然審核條件嚴苛，也不能跟身邊朋友透露工作細節，但這實在是一份結合興趣（免費搭機旅遊）的工作，於是便爽快答應了。

## 祕密客是一種超高風險的職業

在電影與媒體的推波助瀾下，大家應該都很熟悉「飯店試住員」或「試吃祕密客」之類的工作，雖然外界對於這樣的職業賦予相當多神秘色彩，但其實評鑑的細節比想像中要複雜許多，許多部落客都會寫體驗分享文章，但「祕密客」不同的地方在於，所有的體驗資訊都屬於「工作機密」，當然不能在網路分享，並且同時得針對異議部分提出具體的改善意見。只會說「服務不好」、「細節不夠」，評鑑報告可是會被打槍，不但領不到工作獎金，該次的消費也必須自己承擔，嚴格來說，算是一份風險很高的工作。

祕密客工作內容很大一部分是在演戲，一旦被航空公司或飯店發現身份，該次的評鑑就會作廢，絕對不能一邊拿著評鑑表一邊做筆記，也因此非常考驗記憶力，尤其Skytrax細節要求較多，在評鑑一家航空公司時，祕密客必須從地勤報到就開始紀錄，包括機場服務、貴賓室水平、登機細節改至於降落品質、到最後提領行李離開機場，都算在評鑑內容內。

例如地勤報到時，不是只觀察人員接待的態度，還要紀錄整體流程完成的時間，確認是否流暢與符合標準。機場貴賓室的評鑑內容比照高級餐廳，必須試吃並闡述餐飲品質，航空貴賓室更加上整體動線設計是否順暢，航班資訊廣播或提示的清晰度，以及室內設計的整體氛圍，這些都必須列入評鑑標準中。

## 需要會演戲與超強記憶力

登機後也有幾項標準必須檢視，機上安全指示是否確實、機艙清潔度、座椅舒適度、動線設計、娛樂系統的流暢度等等，都必須清楚的評分與描述，如果搭的是長途航班，祕密客得要不斷檢查洗手間是否隨時都有進行清潔整理，一般來說祕密客都會選擇坐在走道位方便進出。

機上的用餐時間對一般旅客而言是放鬆休息，但這可是祕密客最忙的時候，送餐時要觀察空服員的名牌是否端正（真的很多空服員名牌會戴歪）、指甲是否維持清潔（不用懷疑，也真的有指甲縫不乾淨或指甲太長）、香水味道是否過濃、廣播內容是否清晰、語速是否符合規定、服務過程中是否盡量維持笑容……等，長時間飛行必須保持清醒，且確認每一項評鑑重點都有被記錄下來，果真任何有趣的事情變成工作樂趣就大打折扣啊。

這些都還好，最辛苦的其實是「扮奧客」，目的是為了試探服務人員面對無理要求時的態度，（演這種戲真的很傷人品），畢竟如何婉轉的安撫旅客，也是飛安重要的一環，對航空公司來說甚至是一門藝術，自然也是評鑑項目之一。

在當祕密客的經驗當中，讓我留下最深刻印象的是日本航空飛到美國的班機。

## 最美的風景……當然還是人！

一位媽媽獨自帶著3歲的小朋友搭經濟艙，母子二人坐在我前面一排，起飛後孩子睡著了，媽媽抱著小孩也睡了，沒多久開始飛機上的第一餐，空服員看到母子兩人在休息，

日航航班上提供的童書，三位空姐輪流唸故事給小乘客聽的舉動真的震驚我了。

怕打擾他們便留下紙條貼在座椅前方，上面寫著「知道您在休息不打擾您，若要用餐請隨時通知我們，立即為您準備！」，經濟艙用餐也能On Demand（隨呼隨到），這可是商務艙的服務標準啊。

隨後媽媽跟孩子都醒來，媽媽自然是先餵小朋友之後再吃飯（天下媽媽都很偉大），但小朋友吃飽後就要一直要找媽媽玩，日航空服員下一個貼心的舉動出現了，先是問媽媽可否帶小朋友去挑選機上贈送的玩具，之後不但在旁陪著玩玩具，還唸故事給小朋友聽（下回搭日航時可觀察下，機上真會備有兒童故事書），讓媽媽能好好的用餐，長途飛行中大概有三位空姐輪流不定時的幫忙照顧小孩，沒有一位的臉上出現任何不耐的神情。

空服員做的這些事，任何獨自帶小孩出門的父母都會心存感激，也順利達成航空公司與旅客多贏的目的（辛苦的媽媽可以安心吃飯、避免小孩哭鬧影響周遭旅客、為航司建立良好印象），而後我不但成為日航的忠誠顧客，每當有人問我親子同遊搭長程班機的選擇，我都毫無懸念的建議他們選搭日航。

其實所有的評鑑都只是數字，虛華的品牌往往不及細膩的人心，記得某次入住南港萬怡酒店，約了朋友在行政酒廊碰面，就只因為那幾天剛好感冒，在辦理入住手續時憋不住咳了幾聲，在跟朋友喝咖啡時，桌上竟然放了一杯加了檸檬

與蜂蜜的溫開水，酒廊的服務員說，剛剛聽到我在咳嗽特意準備，希望感冒早日康復。我必須說，這杯蜂蜜檸檬水比升等套房受用多了。

## 用哩程／點數實現的自由人生

因為祕密客的經歷，讓我進入到哩程／點數的大千世界，這些年，透過信用卡點數兌換與實際飛行所累積下來的哩程，去到了很多年輕時從沒想過有一天真能踏上的地方，而這些旅行如果要用真金白銀買機票，著實不是我自己所能負擔。也因為感受到這樣的美好，我進一步把這些累積變成創業的養分，創辦了「旅合金TripGoKing」的網站與粉絲團，希望能與更多人分享。

這本書中分享的是過去幾年的經驗，不僅僅是「想盡辦法賺好康」，對我來說，哩程或點數就像實現夢想的工具、像鍊金師的魔法棒，想法就多寬闊，就能飛多遠，讓我們的視野不僅僅侷限在亞洲角落的一個小島上，能夠說走就走，以最低的成本跟巨大的世界做親密的互動，對我來說，就是「自由人生」的實踐。

# 最低門檻的免費機票起手式

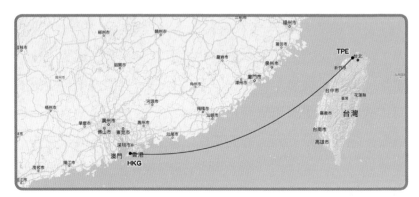

★台北-香港-台北／ TPE-HKG-TPE

　　這條路線幾乎是所有以台灣為Base的網友，進入哩程世界的「起手式」，雖然香港早已不是台灣年輕人出國旅遊的首選之地，我常跟網友或客戶灌輸一個觀念：點數再多，只要沒有換成機票，都是假的。如果你不常有機會飛歐美長程線，也沒有工作出差磨練鐵屁股的機會，進入哩程世界的唯一救贖就是聚沙成塔的信用卡點數。

　　很多年輕的小資上班族心裡都會這麼想：「要刷多少金額

才能換到一張機票需要的點數啊？太難了吧？我一年也沒這麼多消費啊？還是去超商換杯拿鐵就好。」我必須說還是那句老話，有志者事竟成，沒有白吃的午餐，自然也沒有雙手奉上的機票，與其羨慕美國網友辦一張卡就可以拿到10萬哩的點數，還不如現在開始就改變你的消費習慣，免費機票距離你並不遙遠，起碼，我的哩程世界就是由一張台港來回機票所開啟的。

## 辦對第一張信用卡很重要

我跟所有社會新鮮人一樣，一直到有工作後才擁有第1張信用卡，買機票也只知道找旅行社，當時航空公司的會員與會籍還被視為少數菁英階級的專利，網路上的資訊也沒有現在多，但當年我做對了一件事，不像同事大多申請本地銀行所發的VISA或MasterCard卡，反而申請使用並不普及，而且需要年費的美國運通白金信用卡。

原因有兩個，美國運通辦卡就送2萬點的會員酬賓點數，在當年信用卡點數轉點到航空公司哩程的知識仍未普及的年代，國內的信用卡公司不太重視這塊，美國運通是少數辦卡送點數相當大方的公司，再者，運通的會員酬賓計畫可以支援的航空常旅客計畫很多，國人熟知的華航華夏會員、新航的KrisFlyer計畫、泰航皇家蘭花計畫、馬航的富裕飛

行獎勵計畫，最重要的亮點便是國泰的亞洲萬里通。

亞洲萬里通有幾個好處，國泰／港龍往返台灣、或藉由台灣第五航權中轉日本的航班很多，經香港中轉大陸，甚至從香港到歐洲、美加的航線也非常多，不愁沒位子、沒地點可換，對當時剛開始工作的我來說，心也沒那麼大，看到兌換表上最低只要15,000哩就可以換1張台港來回機票，我想都沒想，就把累積點數放到亞洲萬里通上，也成了我第一個加入的常旅客計畫。

如前文所說，天下沒有雙手奉上的免費機票，信用卡送點數，是為了要你消費，辦卡送的點數要「首刷滿額」才會送，日後的點數也是得靠消費每30元一點來累積（當然有其他加速的方法，後面心法會慢慢交代），換言之，剛開始有第一份工，有第一張信用卡，對「旁門左道」的點數累積方式也不太懂的純小資如我而言，用消費額集哩程數是唯一的方法。

## 改變消費習慣，一年換一張哩程票並不遙遠

當年亞洲萬里通在台灣的合作商店相當少（現在幸福多了），1張15,000哩的免費機票如果不計任何加成，需要刷卡45萬，我首先改變消費習慣，創造刷卡的機會，例如跟父母、朋友的聚餐，搶著用我的信用卡結帳，大家再均攤現金，在此同時，我也堅持每個月繳清帳單，不讓信用卡公司

有賺我利息的機會，要知道，為了點數而讓信用卡公司收你10幾趴的高利貸，還不如真金白銀買張機票還划算些。

就如同存錢一樣，當你有個目標，看著點數每個月入帳，距離心中的目標越來越近，這是所有初入哩程世界的飛客最大成就感，這裡要講個基本的概念，哩程飛客通常會把銀行點數當成「池子」，因為航空常旅客計畫的變化較大，可能今天能用很低的點數就能換到，明天一改兌換表點數就立刻「貶值」了，所以都會把點數放在持卡期間不會過期、且能轉換到最多航空常旅客計畫，存到足夠的點數時再轉到欲兌換的帳戶，以避免損失。

我大概花了一年的時間「存點數」，而同時也進了職場一年，在公司裡不再是菜鳥了，開始接到許多上前線打仗的任務，假也跟著變少，當下就決定用當初設定的15,000點轉到亞洲萬里通兌換一張台港來回機票，不需請假週末就能用掉，國泰官網的哩程兌換操作也非常簡單，尋找有釋出可兌換的航班與日期，線上刷卡付掉機場稅與燃油附加費就可以完成整個程序，對新手而言幾乎沒有任何難度可言。

### 信用卡點數別再拿來換除濕機了，拜託！

前面花了這麼長篇幅講我換到第一張免費機票的過程，說實在的，對任何飛客來說，這都是非常基礎的「幼幼班」，

沒有任何難度，也不存在複雜的技巧，更沒有華麗的CP值，但我還是想花一點點篇幅來講，為什麼呢？

　　旅行竟然成為我的斜槓人生（自己講）中的一項工作，這是當時懷著一種不真實感、拿著免費機票登機時的我所想不到的，許多年以後，有位客人來找我諮詢，他說之前信用卡消費所累積下40萬點數，拿來換兩台除濕機就很開心了，沒想到經過規畫之後，竟可以換到兩張躺平環繞地球一圈的商務艙環球票，兩者之間的價值相差10倍以上！

　　我想說的是，點數／哩程所代表的意義，不是表面上所代表的價值，而是創造一種可能性，操作點數是一種技能，能讓你跳脫傳統旅行，去到那些你不會去的地方，這個世界很大，我靠著點數去了很多地方，而這一切的開端，就是一張平凡無奇的台北香港機票！

亞洲萬里通是我進入哩程世界的第一個常旅客計畫，長時間下來，我也辦了不少他們家的聯名信用卡，由上至下分別為：花旗銀行寰旅世界卡、星展銀行飛行鈦金卡、美國運通國泰航空尊尚卡、美國運通國泰航空信用卡、台新銀行國泰航空鈦金卡。

# 心法 02 華航亞洲線經濟艙最低標準兌換大法

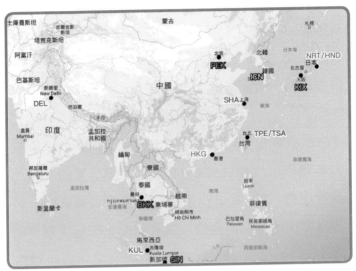

★台北-亞洲部分航點-台北／TPE-ASIA ZONE-TPE

　　新創圈流行一個詞叫「連續型創業者」，開一家公司賣掉後再投入下次創業，我雖然不像很多厲害的創業者一樣公司越做越大，第一次創業順利將公司賣掉，後又跟友人創建了新的Coworking Space事業，當第二次的創業也上了軌道時，我反而想在職場中試試其他的可能，因為之前不論被聘僱或創業都是小公司，便想能不能去跨國大企業，體驗一

下《型男飛行日誌》喬治庫隆尼般紙醉金迷四海為家的異地工作。

　　剛好有個機會，進入一家正準備併購日本企業、且在亞洲各地都有據點的公司，擔任高級主管的特別助理，雖說派駐地在東京，但實際上待在北京與上海的時間也非常多，甚至需要在中國內地的城市間到處跑，簡單來說就是老闆去哪我就得跟到哪，看到這裡你或許會想，我總算是一償空中飛人的宿願了。

　　殘酷的事實是：電影就只是電影，公司幫我在東京租了房子，但我根本沒機會像《愛情不用翻譯》裡的主角，搭電梯碰到史嘉蕾·喬韓森這種正妹，在東京街頭展開一場員外來抓我漫步街頭的浪漫劇情，真實狀況是，每天都要陪老闆工作或應酬，常常回到宿舍已是半夜一點，這時還得洗洗積了幾天快發臭的衣服，打理完上床三點，五點老闆的司機已經在樓下等，我得跟司機一起六點前到老闆家門口等他上車，開始第一個行程……。

　　當然，好處是那段時間錢存了不少，因為根本用不到XD。還有，拜工作到處飛所賜，哩程也入帳頗豐。

## 台勞如何使用哩程票回台吃大腸麵線？

　　東京的工作經驗讓我接觸到日系航空的常旅客計畫，也

從此愛上了日式的機上服務與空中餐食，這點我在後面的日本航空與全日空兩家常旅客計畫的兌換心法中會再詳細說明。還是先講講跟大家比較相關的國籍航空，這份工作有幾個月的時間駐點在北京，相信有外派過中國的朋友們，午夜夢迴時都不免有這樣的吶喊：我好想回台灣啊啊啊，可不可以不要再吃烤鴨了，給我一碗大腸麵線就好……。

　　像我們這種小台勞，公司給的回台機票都是有配額的，中間想利用週末偷跑回台灣呼吸新鮮空氣（咦，有嗎？），就把腦筋動到華航的亞洲線哩程票上。為什麼是華航不是長榮？北京長榮也有飛啊，這是因為我在中國出差最常搭乘的是中國東方航空，而東航除了跟華航同屬天合聯盟（SkyTeam），還跟華航與上航、南航、廈航自己搞了一個「大中華攜手飛」的小聯盟，因為不知道會在大陸工作多久，所以我把中國內陸段用鐵屁股飛出來的哩程，全數都累積到華航的華夏會員中。

　　也因如此，我拿到了人生中第一張航空公司高階會員卡：華航金卡，現在看來或許沒什麼，但在當年朋友圈一群出差狗中還是挺自我感覺良好，有機會拿著經濟艙機票，卻能混進看來高大上的機場貴賓室，雖說那個年代中國機場貴賓室的餐食跟設備實在乏善可陳，但在奔波的行程中，能夠有個地方喘喘氣吃點東西，上上網（其實是把老闆等會要用的簡

報繼續做完），自己的人生也好像進階了。

## 善用聯名卡優惠兌換哩數省1萬！

　　回到我怎麼換這張「偷跑之旅」的免費票，前面特別提了小聯盟「大中華攜手飛」跟貴賓室的原因，是因為天合聯盟在中國國內線有一項特殊的規定，即便你是天合聯盟超級菁英會員（好饒舌，簡單說就例如你持有達美航空金卡），搭乘天合聯盟航司的中國國內線航班，若當日沒有銜接國際航班，就無法使用機場貴賓室，也就是說，如果你是經常往返兩岸的商務客，持有華航的高卡才能保障會員權益。

　　當初我用的是匯豐銀行華航聯名白金卡「機票快捷箭」的兌換折扣優惠，提供兌換特定航線時聯名卡卡友的特別折扣。這張卡我一開始申請的原因是為了搭華航買機上免稅品的折扣，年費很低且消費滿12次就可免年費，後來發現兌換的優惠，只需25,000哩便可兌換原本需要35,000裡的亞洲線往返經濟艙機票，讓我能順利進行一個回台灣吃大腸麵線的動作。

　　省下10,000哩，對我已經是天上掉下來的禮物，但還有一個亮點，華航的台北－北京航線仍會經常性的派飛波音747-400機型（其他航線也有，像是成都），而這款已經越來越難看到的「空中皇后」，機上有頭等、商務、經濟三艙等，但現

1 波音747上層的商務艙座位，以現今的標準來看，這大概只比豪華經濟艙好一些（但長度佔了3個窗，椅距比豪經濟艙大很多），若是亞洲區域3〜5小時的飛行，能搭到還是挺舒服的。

2 選位前先看座艙表，如圖，這款華航747-400空中皇后有著61座商務艙，但因目前僅執飛亞洲航線，如北京、香港、成都等地，實際上當成商務艙販售的只有樓下的37座，樓上的商務艙優先釋放給經濟艙且有華航高卡會籍的會員，一般購買經濟艙的旅客如果手腳夠快，也有可能選得到。同理，如果購買商務艙，有高卡或運氣好也可搭到只有12座的頭等艙。

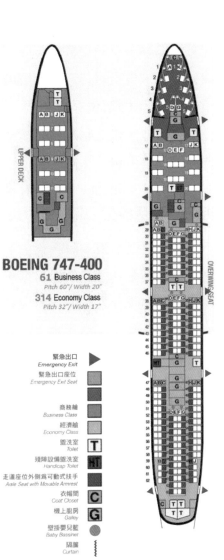

UPPER DECK

**BOEING 747-400**
**61** Business Class
*Pitch 60"/ Width 20"*
**314** Economy Class
*Pitch 32"/ Width 17"*

OVERWING SEAT

緊急出口
*Emergency Exit*

緊急出口座位
*Emergency Exit Seat*

商務艙
*Business Class*

經濟艙
*Economy Class*

廁洗室
*Toilet*

殘障設備廁洗室
*Handicap Toilet*

走道座位外側為可動式扶手
*Aisle Seat with Movable Armrest*

衣帽間
*Coat Closet*

機上廚房
*Galley*

壁掛嬰兒籃
*Baby Bassinet*

隔簾
*Curtain*

在華航已經不賣頭等機票，因此原本的頭等艙當商務艙賣，優先給高卡會員選位，而上層的商務艙座位則當經濟艙賣，這24個位子的選位非常熱門，如果運氣好即可選到上層的商務艙座位，雖然吃的還是經濟艙的餐，但能用免費票搭到商務艙就是爽啊。

## 訂位前慎選機型：鐵屁股的美麗與哀愁

從這裡延伸談一個觀念，不論是機票是用買的或換的，先查看航空公司使用的機材很重要，同樣是商務艙，有兼顧隱私與舒適的1-2-1反魚骨座椅，也有2-3-2又擠又窄無法躺平的老座椅，理論上越新的機型商務艙的設備越好，至於經濟艙有些亮點反而出現在較舊的機型上，例如說服役多年的A330經濟艙採2-4-2，兩人出遊坐一起就會比波音777的3-4-3還得跨過陌生人去上廁所來得舒服一些。

不過，或許因為兌換的人多，匯豐跟華航已經開始限制某些航段的優惠，現在從松山飛虹橋、羽田，或台灣到浦東、北京、廣州、深圳、大阪、成田、曼谷等，都已經沒有25,000哩的優惠，所以說，換免費機票就是跟航空公司鬥智搶快，當某些航段變熱門，或懂得技巧兌換的人越來越多，好康優惠隨時都會「死掉」，切記「有哩堪換直須換，莫待改表徒傷悲」。不過華航飛中國適用此一優惠的還有20多個航

點，仍可省下10,000哩。

雖然北京上海東京大阪不給換，但此心法仍可換其他無限制從台灣出發到亞洲航點來回經濟艙，如果以距離來評估，華航飛中國航線最遠是烏魯木齊，而亞洲線距離最長則是印度新德里，其他像是札幌、峇里島等都是飛行時間不短的旅遊熱點，手上有華航哩程都值得兌換。若以票價評估，台北飛新德里的來回機票要18,000多元，烏魯木齊更高達23,000元左右，25,000哩所換得的價值更高了。

# 03 華航長榮雙機場開口兌換

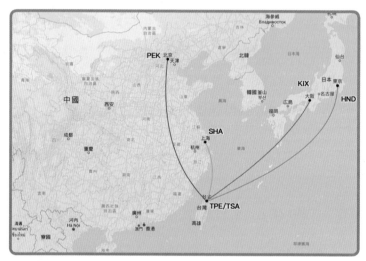

★上海虹橋-台北松山 台北桃園-北京／ SHA-TSA-TPE-PEK
★大阪關西-台北桃園 台北松山-東京羽田／ KIX-TPE-TSA-HND

　　這篇同樣要分享我的出差血淚史憶當年，談的是兩個很
基本的概念，雙機場與雙城市的行程規畫。

　　上一篇提到小台勞利用鐵屁股點數偷跑回台灣吃大腸麵
線的經過，既然是「大中華亂亂飛」，點數累得越多，就越常
聽到母國的呼喚（難道是幻聽？）：「回來吧孩子！滷肉飯等著

你～」，於是從某一個城市回台灣，吃完滷肉飯回另一個城市繼續爆肝的偷跑行程，就讓鐵屁股點數再次派上用場。

我利用某次在上海會議結束與回北京上班前的假期，開了一張虹橋－松山／桃園－北京的來回經濟艙哩程票，當時我還有聯名卡少10,000哩的優惠可用，現在得用35,000點去換，不論有無優惠，對照淡季約15,000元台幣左右的票價，這種換法並沒有把哩程價值最大化，但對於偷跑回台的出差狗來說，直飛才是王道，尤其是有市區機場的城市，像是上海虹橋飛台北松山，半小時內到機場半小時內到家，早早回家的溫暖無價啊。

## 哩程票換市區機場起降的優勢

虹橋真的很近，只要不是尖峰時段被卡在車陣裡，平常只需跟出租車師傅說出通關密語：「虹橋一航廈，急！」，就可以享受一段緊張刺激的《玩命關頭：上海》，20分鐘內從市區到虹橋，順著這股氣勢，當我拿著華航金卡衝到會員櫃檯報到時，不免也加了一句：「飛松山，急！」，沒想到地勤妹子給了一個快翻到背後去的大白眼：「先生，登機時間還有兩個半小時，別急！」

這麼急幹嘛呢，你知道我們這種靠出差混到金卡的小小資，當然要留點時間進貴賓室拼吃不用錢的，聽說中國東

方航空在虹橋的貴賓室水準不錯，身為標準不高很容易餵食的吃貨，就算只有美而美等級的三明治我都可以吃得很開心……。

悲劇來了，機關算盡留時間，沒想到剛好碰上東航貴賓室改裝，前面拼死拼活留下的兩小時，只能悲情的喝著投幣機可樂滑手機等登機，經此教訓，回台後馬上用信用卡申請1張龍騰卡（中國信託免年費的御璽卡、鈦金卡等級就能申請龍騰卡，只要刷機票或團費就能一年兩次免費使用，超佛心。），暗暗立誓下回到龍騰貴賓室怒吃真功夫的荷香糯米雞回本。

機場小出關快又有捷運可搭，松山落地就是爽，但短短假期彷彿白駒過隙，「上京」的時候又到了，雖然華航桃園機場貴賓室按照慣例人滿為患，但該吃的還是得吃好吃滿，我的目標是「巴頭布丁」，據說製作廠裕毛屋老闆試吃自家的布丁不滿意，負責製作的師傅被老闆敲頭下令重新研發才能上市，因此被取名「巴頭」，為了感謝老闆的堅持，我一次吃了5個才心滿意足的登機。

## 善選行程與機場創造更高兌換價值

上一則心法提到華航亞洲線有聯名卡減免10,000哩的優惠，但這個優惠不能「開口」，也就是去程的目的地與回程的出發地都必須是同一個機場。按正常35,000哩兌換則沒有

這個限制，但設定開口的哩程票（例如說是從台灣飛 A 地，之後由 B 地回台灣）對多目的地行程規畫與時間減省上很有幫助，像在中國城市與城市之間可搭動車（城際高速鐵路），不見得要換同一個城市的來回票，反而節省交通時間。例如深圳進廣州回，重慶進成都回，雙城之間搭動車都很方便，回程也可直飛節省時間。遠一點像上海北京也無妨，中國國內線航班都是以單程計價。雙機場的城市也切記市區機場的方便性，既然都要用貴森森的 35,000 哩換機票，能從虹橋／羽田飛松山，何樂而不為？

同樣的換法也能用在台日航線上，如果想一次玩東京與大阪雙城，就能兌換一張松山－羽田 TSA-HND／關西－桃園 KIX-TPE 的兌換票，松山到羽田長年都很熱門票價也高，而台北大阪的航班因受限於機場時間帶，比起台北東京的航班要少，也造成平均票價大阪高於東京的現象，這樣的換法無形中就能榨取出哩程的價值。

上海虹橋機場的貴賓卡亮點，龍騰卡不僅能進貴賓室，也能用在兌換指定機場餐廳套餐。

# 心法 04
# 亞洲萬里通：
# 國泰＋國航雙航司雙機場兌換

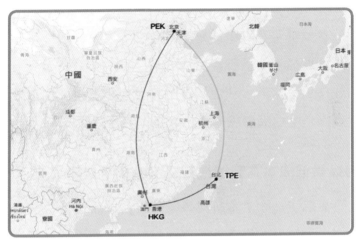

★台北-香港-北京-台北／TPE-HKG-PEK-TPE

是的，亞洲萬里通我又來了（招手），出差點數放華航，信用卡累點放亞萬，是我哩程菜鳥時期的基本玩法，這次的心法同樣是發生在我當出差狗期間，利用亞萬30,000哩兌換台北經香港往返北京的來回經濟艙機票。但這邊要告訴大家好消息！自從今年亞洲萬里通改兌換表採實際飛行距離計算後，同樣的飛行方式只需20,000哩，改表之後的亞萬，

真是擼卡點數換免費經濟艙機票的好朋友！

　　為什麼不直飛？多數人為了節省時間很忌諱轉機，但對我們這種半個航空迷來說，搭飛機轉機的理由就像汽車修理工褲檔裡藏榔頭是一樣合理的，英國名作家艾倫狄波頓寫過一本《機場裡的小旅行》，好的機場就是一個城市的縮影，食衣住行育樂都可在其中滿足，在亞洲，東京成田、香港赤鱲角、新加坡樟宜、曼谷蘇萬納普都是我心中逛一天都不會無聊的好機場，當然，利用轉機時間發揮小資精神，拿會員卡到貴賓室白吃白喝體驗一番，也是重要行程之一。

## 如何以最低成本拿到能進貴賓室的馬可波羅銀卡

　　國泰航空是除了華航與長榮外，台灣人經常會使用的航空公司，而國泰的常旅客計畫比較特別，哩程累積兌換是在亞洲萬里通，但國泰與港龍有自己的會籍系統，稱為「馬可波羅會」，會籍分為綠卡、銀卡、金卡、鑽石卡，還有隱藏版只有不到1%會員人數的神級卡鑽石PLUS，但這跟我們小資無關，我要講的是如何以最小成本拿到可以進貴賓室的馬可波羅銀卡。

　　跟其他航空公司不同，要成為馬可波羅會最基本的綠卡會員，除了申請還要付費，為了1張幾乎沒啥福利的會員卡付費，不符合小資精神。但是，只要申請台新銀行的國泰航

空聯名卡，第一年免年費還送馬可波羅會籍，等於無成本拿到綠卡，完成拿銀卡之前的第一步敲門磚。之後我要說的心法，就是在飛客圈大家不說，但很多人都靠此方法拿到銀卡的公開祕密了。

國泰與港龍航空有個不成文的規定，座艙長有決定權邀請已有綠卡會籍、且是實際上付費購買商務艙機票的乘客，加入並成為馬可波羅銀卡會員。我的銀卡就是靠著自己買台北飛香港來回商務艙機票，座艙長給我申請表拿到的，國泰飛香港商務艙時不時就有促銷，含稅價不過 1 萬出頭，挑對班機可搭長程線的反魚骨商務艙，台北、香港的國泰貴賓室都有五星級航司水準，運氣好搭一次就拿到銀卡，算是非常划算的投資。

馬可波羅會銀卡的待遇類似華航或長榮的金卡，最大的好處是當你搭國泰港龍的經濟艙時，可以進商務艙貴賓室。我用 30,000 哩兌換的台北－北京機票，可利用中轉時間好好逛逛國泰的數個貴賓室，吃好吃飽順便在機場洗個澡。回程我用國泰航空與中國國際航空夥伴關係，搭國航由北京直飛台北，既滿足了貴賓室小旅行的願望，回程直飛又省到時間，想到這不禁為自己的精打細算傻笑起來（真是病得不輕啊）。

## 國泰貴賓室必吃必喝隱藏版美食

　　桃園機場國泰貴賓室經過改裝後，幾乎是僅次於主場長榮與華航的優等貴賓室了，經常搭國泰的朋友都知道，萬年不變的經濟艙冷凍肉捲＋無糖烏龍茶，光聞就沒食慾了，好在貴賓室有牛肉麵與珍珠奶茶，還貼心的為吃素朋友們準備素麻醬麵，吃飽再上自然可免受茶毒。

　　另外，這裡可以喝到國泰的獨家飲品：Cathay Delights，國泰一直沒給這款飲料官方版中文名稱，我很好奇他們會怎麼翻譯，難道叫「國泰很高興」嗎？不解。這是由奇異果、牛奶以及多種配方的無酒精飲品，只有在國泰的貴賓室，或在雙數月份搭國泰商務艙、頭等艙才喝得到。

　　香港機場中，我最喜歡的國泰貴賓室是 The Wing 寰宇堂跟 The Pier 玉衡堂（香港人真的好愛用ＸＸ堂），雖然近年國泰餐飲水準有下滑趨勢，但這兩間貴賓室算相對品質穩定，沙拉吧、熱食、冷食、香檳、各式酒類、甜品、冰淇淋甚至起司盤一應俱全，全部無限量供應！我非常推薦香港貴賓室獨家的擔擔麵，這是早年國泰委託半島酒店運營貴賓室時推出的特色小食，或許是因為廣東人比較不吃辣，國泰擔擔麵吃起來像是微微辣的麻醬麵，跟一般吃到四川口味大不相同，轉機去吃也值得！

　　順帶一提，國泰航空對自家的馬可孛羅會會員特別好，

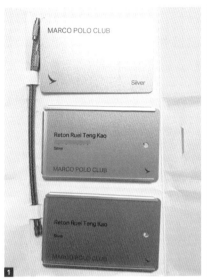

1 靠著免費綠卡買商務艙機票拿到邀請函,拿到首張國泰高階會員卡:馬可孛羅會銀卡。

2 有著祕密配方的「國泰很高興」獨家飲品,多年來已經成為飛客眼中國泰航空的一大特色。

3 元老級的國泰香港貴賓室的特色麵食:擔擔麵,口味與台灣吃到的大不同,轉機必吃。

4 我最愛的赤鱲角國泰貴賓室一角,在這裡喝咖啡看飛機,悠閒度過午後時光,誰說等轉機很痛苦?

是我目前最常遇到升等的航空公司，所以若有銀卡在手，記得在挑選航班時盡量選擇最新的機材，最好是先用手機下載 SeatGuru 這款 APP，查一下該航班商務艙的規格，萬一真被升等，就可搭到可以 180 度全躺平的反魚骨商務艙，爽度加倍。

## 非聯盟夥伴航空可換票但無會員福利

　　這一切的享受在回程時通通幻滅，個人經驗跟大家分享，回程我兌換的是中國國際航空北京直飛台北的經濟艙，而國航屬星空聯盟，國泰屬寰宇一家，分屬不同聯盟，之所以可以用亞洲萬里通換國航，是因為國航已是國泰的大股東，因此雙方有哩程上的夥伴關係（連國航旗下的深圳航空也可換喔），但若你只拿著小小銀卡及經濟艙機票，不同聯盟的航司是不會給你貴賓室或專屬櫃檯的禮遇。

　　這麼早到機場怎麼辦？幸好我有信用卡送的 Priority Pass 新貴通貴賓室卡，我推薦有辦御璽卡以上、且信用卡公司不另外收費都可以辦一張備用，不過 PP 卡能用到什麼樣的貴賓室就得靠運氣了，正如同網友常說的「不期不待，不受傷害」。PP 卡在北京可使用國航的頭等貴賓室（嚇，頭等！我的人生又進階了），不過進去之後發現，頭等區跟商務區的差別，只是中間有個大廳專人泡中國茶而已（別家有酒吧，他們有

茶吧，這也算是中國特色），至於食物嘛……有康師傅方便麵，飲料則提供「高級鋁箔包」，淋浴間更是一絕，地上鋪著像是從小北百貨買來的綠色地墊。沒關係，只要能速速回台灣，這一切我都可以接受。

## 亞洲萬里通亞洲線的兌換甜蜜點

我在一開篇就告訴大家，亞洲萬里通是個好計畫，兌換門檻低，集點來源多，在今年改表之後，很明顯的國泰放寬了經濟艙的兌換標準，像是上述的飛法，如果台北－北京來回都中轉香港只要20,000哩，就算回程兌換北京直飛台北的國航班機，也只要25,000哩，想來回都直飛節省時間，換國航北京來回也只要30,000哩，怎麼算都比華航或長榮的35,000哩划算。

以下提醒兩個概念：一、各位同學，亞萬改表之後，兌換所需哩程就無法像之前看兌換表即可一目了然，最好的方式是到亞洲萬里通官網兌換機票的頁面，輸入出發地與目的地的機場代碼，就會跑出兌換機票所需的哩程數。

二、亞洲萬里通非寰宇一家的夥伴，還包括泰國的曼谷航空與美國的阿拉斯加航空，這兩家都是不屬於任何聯盟、且掌握特殊航線的航司，像是泰國的蘇美島機場，在泰航退出之後就由曼谷航空全權運營，所以飛往蘇美島等於是曼谷

航空的獨佔航線。曼谷航空是一家小而美的精品航司，口碑不錯，特色是經濟艙的旅客也可享有自家貴賓室的服務，曼谷機場及蘇美島機場都有，想到蘇美島渡個假，可用亞萬30,000哩換台北－香港－蘇美島的來回經濟艙機票，前段飛國泰，後段則飛曼谷航空直達蘇美島。

阿拉斯加航空更是航空界的奇葩，佔著得天獨厚的地點優勢，若你到費爾班克看極光，到美洲極北的城市巴羅看北極熊，就非得用到這家航司不可，也因如此，阿拉斯加航空雖不屬任何聯盟，但其常旅客計畫卻能兌換許多跨聯盟的5星級航司，像是日本航空、國泰航空、阿聯酋航空、大韓航空、新加坡航空、海南航空……等（打得好累，真是族繁不及備載），若去到阿拉斯加用亞洲萬里通兌換免費機票很合理，像是用15,000哩換從美國西岸的西雅圖、飛到賞極光重鎮的費爾班克的單程機票，旺季時真金白銀可要250美元。但更超值的是玩轉阿拉斯加航空的哩程計畫，受限篇幅，且讓我到後面的心法再慢慢交代。

# 長榮航空亞洲線
# 最高CP值兌換與升等法

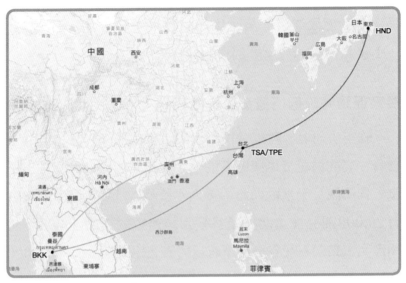

★台北松山-東京羽田／TSA-HND
★台北-曼谷-台北／TPE-BKK-TPE

　　分享了幾則兩岸航線的兌換心法,這次回到我的駐地東京,分享一則另類升等法。不知為何回到東京總讓我有鬆了一口氣的感覺,起碼交通方便,公司配有租屋不必像在中國每天住飯店,跟著老闆應酬吃到小資無法直視帳單的餐廳,也是在東京工作的好康之一。

兌換機票時，最令人在意的就是性價比（剛從中國轉場過來還在用普通話！繁體中文就是CP值啦！），這次來講台灣之光長榮航空，長榮什麼都好，就是哩程兌換表不好（眼神死），哩程兌換的優惠不是沒有，但非常少，建議手中有無限萬里遊哩程想換票者，第一步先訂閱長榮航空電子報，掌握一手資訊。

## 長榮促銷時段低門檻換曼谷哩程票

航空公司對於哩程兌換的優惠活動有諸多考量，但通常自身主場的樞紐機場與區域的重點機場，會較多機會推出優惠，例如說長榮飛歐洲的中轉大本營曼谷機場，時不時就會有20,000哩兌換台北－曼谷來回經濟艙的活動，航班多時間漂亮、長榮在曼谷機場還有自營貴賓室，加上便宜15,000哩的兌換標準，算是CP值較高的兌換選擇。

既然平常兌換亞洲線來回經濟艙不二價35,000哩，要榨出最高CP值只能從熱門航線下手，我最推薦的就是兌換台日的黃金航線：台北松山到東京羽田，對天龍國人有多方便自然不在話下，進東京市區也又快又省，更重要的是平均票價長年在新台幣17,000元左右，以35,000哩來兌換，每哩價值能到台幣0.48元，若能換到早去晚回的班次，算是拉回一些CP值。

講回我自己的體驗，為何哩程不用在兌換免費機票而用在升等？這並不符合本書的小資精神啊！錯！以下這招升等心法的前提是，如果你的機票不是自己付錢，例如說出差公司報銷，或是長輩熱情贊助（謝謝乾爹），為何？因為要買到能升等的經濟艙機票有艙等的限制，長榮規定必須要Y/B/M/H這四種艙等才能升等，直接講結論，就是你買便宜的特價票沒法升等，只有貴森森的經濟艙機票才行，身為小資，當然要趁出差時使用，才算是發揮點數最大化價值。

## 如何將小額長榮升等哩程用在刀口上

長榮經濟艙升等到商務艙（也就是桂冠艙）單程只要15,000哩，如果手上剛好有不足兌換一張經濟艙機票哩程數，眼看著就快要過期，這也是一種消化點數的方式。但是，別因為消化哩程就自暴自棄胡亂升等，我推薦以下從松山出發飛羽田的航段用掉這15,000哩，才算將點數用在刀口上。

理由如下：長榮飛日本有懷石餐食可選，最起碼也能吃到空中鼎泰豐小籠包，雖然受限於機上加熱設備的限制，無法如在餐廳中完美，但3小時的航班能在高空中吃到整套日餐，還有什麼好嫌的？此外，松山飛羽田有時能搭到三麗鷗彩繪機，登機證也會是特殊的三麗鷗版本，適合少女心爆發

**1.2** 長榮松山機場小 Gardan鑽石貴賓室，入口處雖不起眼，但光只是搭商務艙還進不來，堪稱國內最低調的貴賓室，雖沒有熱食，但限量提供的天然酵母麵包超好吃。

**3** 長榮台日線可選和食或鼎泰豐牛肉麵。

的妹紙們。不過請留意，特色餐食及三麗鷗彩繪機都採季節性提供，若以此為目標，在換票升等前可打電話到長榮客服確認班次及事先預訂餐點，以免落空。

接下來要講的是航空迷專屬的解成就心法，也是長榮鐵粉可拿來說嘴的打卡地點之一，是我在無意間誤打誤撞發現的。話說出差當天按照慣例早早到了機場，正要準備展開商務艙狂吃之旅，報到櫃台要求出示購票的信用卡，當下錯愕，機票是公司買的，怎麼會跟我要買票的信用卡呢？原來，松山機場內長榮有唯一由航空公司自營的鑽石貴賓室，被長榮粉暱稱為「小Gardan」（引用自桃園的長榮頭等艙The Gardan花園貴賓室），只有長榮航空鑽石卡會員、有美國運通長榮簽帳白金卡且搭乘商務艙的旅客，以及美國運通黑卡卡客可以使用。

## 隱藏在松山機場的超低調長榮鑽石貴賓室

幸好我有一張「長榮大白」，在櫃台報到時，因為是在官網購票，地勤會要求查看原本的購票信用卡，但因為是公司採購代為付款，所以地勤就幫我用「長榮大白」重刷一張機票，並把舊的刷卡取消，也因此陰錯陽差地被帶到「鑽石卡迎賓報到中心」報到。

過程雖然有點麻煩，但一被帶到「鑽石卡迎賓報到中

心」，頓時覺得這一切都是值得的！除了沒有現煮熱食外，「小Gardan」裡的餐食及服務都是頭等艙貴賓室規格，最重要的是人真的很少，跟桃園機場裡的菜市場商務貴賓室一比，這裡簡直是低調一族的綠洲！

讓我數一下裡面有什麼好吃的：洪瑞珍三明治（我知道用買的也不貴，但我是三明治控啊）、FIJI礦泉水、北海道3.6牛乳、非常厚工用真空袋包裝的裕毛屋天然酵母麵包，貴賓室必備的叉燒包跟燒賣就不用說了，最絕的是竟然有金門一條根的養生茶！（為何一直想到星爺我愛一條柴的畫面啊～）

於是，我先吃幾個洪瑞珍三明治配金門一條根，再狂吃裕毛屋卡士達奶油麵包，通過安檢後到聯合貴賓室吃第二輪，裡面有炒麵跟新東陽的鳳梨酥，最後用龍騰卡到機場內的好饗廚房櫃位點份套餐，不要忘記登機後還有日式料理或鼎泰豐得繼續吃……，你說，這15,000哩是不是用得很超值！

# 心 法
# 06 長榮航空常旅客的救贖：
## 外站票入門攻略

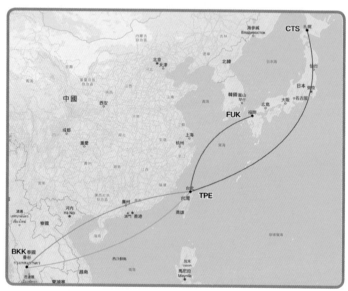

★福岡-台北-曼谷-台北-札幌／FUK-TPE-BKK-TPE-CTS

　　前面五則飛客心法，講的都是點對點的規畫與運用方式，把去回程的出發地與抵達地設定好，找出最划算的兌換標準，即可搞定收工。但從這一則心法開始，請各位把這句話列為日後規畫哩程／點數旅行的最高指導原則，就是「榨出哩程機票最大化價值」。這句心法可以用在任何一種行程

兌換上，但既然大家都是 Base 在鬼島寶島的台灣同胞，還是先從長榮與華航兩家國籍航空談起。

我知道各位只要爬爬文就會發現，這兩家的點數就算不到「冥幣」等級，也相去不遠，真正的玩家會去累 CP 值更高的計畫。但我還是特別列出不少長榮華航兌換心法的原因是，一則從台灣出發很難避掉這兩家，尤其是往返兩岸的商務客；再者沒有研究過哩程機票的朋友，往往一開始想都不想認為哩程就應該是累積到所搭乘的航空公司計畫中，等到入門之後發現（X，被騙了），但用鐵屁股飛出來、說多不多說少不少的點數，就已經入帳出不來了，擺著也會過期，這時「外站票」就成了小資們少數能最大化哩程價值的救贖。

## 「買 1 換 1 送 1」3 趟旅行的外站哩程票心法

所謂的「外站」，顧名思義就是航空公司國籍所在國之外的航點，長榮華航的外站就是台灣以外有航線的機場，「外站票」之所有有好康有 2 個原因，一個是為了班機回母國時增加上座率，獎勵會員兌換，另一個是航司本身的計畫規則中關於「中停」與「開口」所創造出的價值，讓 1 張來回機票搭配兩張廉價航空單程機票，就可以換到 3 趟來回行程，甚至到 3 個不同的旅遊地點，一個「買 1 換 1 送 1」的概念。

聽無？來個強者我同學的行程示範。相信像我同學這樣

的長榮死忠粉不少，出國一定先選「台灣之翼」，辦長榮聯名卡，買綠地球獨家聯名RIMOWA登機箱，哩程自然也累積到長榮的無限萬哩遊，但他工作忙碌，一年能請5天假的機會不到4次，請我幫他想想如何有效地利用多次5天左右的假期，消化所持有的長榮哩程。

先從長榮亞洲的航點中選擇，他喜歡日本也愛去泰國，東京大阪京都已經去了多次，所以我幫他設計從福岡（FUK）作為出發點回台北（中停），待下一段旅程開始由台北飛曼谷（終點），5天後從曼谷（起點）飛回台北（中停），下一段旅行開始時再由台北飛札幌（終點）。

這是1張長榮亞洲線的外站兌換票，總共4段航程3個地點，只需自費購買前段台北到福岡、以及最後一段回程札幌回台北的廉價航空機票，即可1張哩程來回票＋2張單程廉航機票＝福岡（九州）、曼谷、札幌（北海道）3趟旅行。

## 選擇有大量廉航的城市壓低成本

提醒此一心法的3個重點：一、1張來回票3個地點的基礎，是建立在單趟行程（由福岡飛曼谷）允許中停（台北），來回行程可以開口（可允許出發點與終點屬於同一個國家或地區，如福岡與札幌），換言之，你可以套用在符合規則的任一城市（後面會有更多的心法示範）。

二、因為必須搭配從台北出發與最後回台北的2趟單程機票，我會建議地點的選擇盡量是有大量廉價航空的地方，大部分的廉航單程機票就是來回的一半價，不像一般航司單程有可能是來回的2/3價格甚至更高，這就太不划算了。同時，像是日本的大城市或曼谷都有不只一家廉航在飛，有競爭就有低價，如此一來可將成本壓到最低，把原本要花的機票錢拿去吃吃喝喝住好一點的飯店，多爽。

三、行程規畫上還可以進一步把兌換票價值最大化，一般來說，旺季時要真金白銀買機票會較貴，但若是利用可在365天內提前兌換（大多數常旅客計畫皆為1年內），只要提早規畫耐心等待，在第一時間搶下放出來的機位，換到日本的賞楓賞櫻季節、或連假期間的曼谷，這張免費票對比旺季的實際價格，CP值更高。

## 提早規畫換旺季機票更划算

例如上述的行程，我們可以規畫秋天到福岡玩九州，到阿蘇火山賞楓、由布院泡溫泉。在12月到2月中任選連假期間，去曼谷避寒。到春天時飛第3段行程，去札幌賞櫻吃海鮮，這些時段若是買長榮的機票，票價恐怕都得比淡季貴上3～4成。

最後來談談花費的哩程，經濟艙35,000哩／商務艙

50,000哩，很多玩家會說換商務艙比較划算，我的看法是，從數字面來看，以這樣的外站票兌換表商務艙的確比較划算，但所謂豐儉由人，哩程只有在兌換成機票的那一刻才會產生價值，放在帳戶裡不會生利息，擺過期會失效，隨時航空公司更改兌換表造成哩程貶值的血淋淋案例也不少。況且，亞洲線再怎麼飛也都在5小時內，如果你的哩程數不夠，實在犯不著拼死拼活的存哩程換商務艙（這才是真小資啊）。

**1** 具有電子標籤的RIMOWA行李箱，是許多長榮鐵粉的最愛，這項技術是由RIMOWA與星空聯盟共同開發，所以星盟旗下的漢莎航空與長榮航空等航司皆可使用，有人擔心內含的電池若是沒電，是否會影響顯示？其實因螢幕採用電子紙，就算沒電標籤上的資訊還是會持續存在的。
**2** 長榮的聯名卡分別跟國泰世華與美國運通合作，前者有低年費版本，若堅持累積長榮哩程，記得消費時務必慎選刷卡時間，使用哩程加速器優惠較為划算。

# 心法 07
## 南部鄉親的選擇：
## 華航外站票與信用卡接送優惠

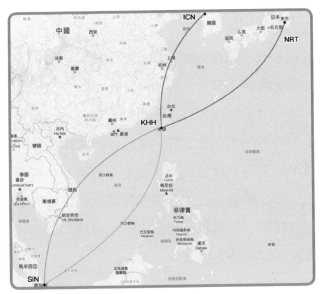

★東京-高雄-新加坡-高雄-首爾／
NRT-KHH-SIN-KHH-ICN

　　說過長榮的外站票，現在來說華航了，沒錯，華航也有外站票，兌換表也大同小異（反正這兩家就是抄來抄去，誰也不肯多吃虧XD），雖然比起長榮不見得特別優惠，但有個長榮所不及的亮點，就是對住在雲嘉南高屏的同胞們來說更好用。

　　如果仔細研究兩家的航線可以發現，長榮雖也有高雄出

發的國際航班，但除了香港與深圳外都是往北飛，集中在中國與日韓，而華航除了中國與東北亞之外，從高雄往東南亞則有曼谷、新加坡、馬尼拉、峇里島四個直航點，若是不介意轉機，還可透過第五航權從香港延伸可到雅加達，從新加坡延伸到印尼的坤甸與泗水。更不用說東南亞各國多如牛毛的廉價航空，有些城市到城市間單程票價甚至只要500多元台幣，從樞紐機場串聯到目的地非常方便。

換言之，如果你住在高雄，想用上個心法規畫一張東北亞-東南亞中停高雄的來回票，華航外站票比長榮好用，不用非得透早起床趕高鐵到桃園，更何況高鐵票貴森森，來回票價就把你處心積慮千方百計用哩程票從航空公司撈回來的一點好處給吃掉了，最重要的是，從小港機場出國就是爽，南部的鄉親你們說是不是！

## 換高雄出發外站哩程票首選華航

來講案例了，這是高雄的友人請我規畫的外站兌換票，前面有講過，華航不但屬於天合聯盟，還跟中國的東航、南航、廈航組了「大中華攜手飛」的小聯盟，如果你是常飛兩岸的商務客，搭配上華航的聯名信用卡，除了買機票會有折扣外，也時不時有用較低哩程兌換機票的優惠，算是非常實惠的選擇，並且很容易拿到華航金卡，享有專屬櫃檯、優先

行李、免費貴賓室等福利，問題是，飛出來的哩程要放在哪裡？天合聯盟的兌換亮點實在是不多，老老實實放回華航恐怕是許多人不得不的選擇。

行程規畫跟長榮一樣，利用中停與開口的兌換規則，只是把地點從台北改到高雄，如此一來，我們就可以設定為東京出發，中停高雄，經過一段時間後啟動第2段行程，從高雄直飛新加坡（終點），玩了幾天後從新加坡（出發地）飛高雄（中停），再過一段時間，進行第3次旅行，從高雄飛首爾（終點）。同樣的，第1段高雄飛東京、最後1段的首爾回高雄，都可用廉價航空單程機票解決。

只要高雄有飛的亞洲航線，都可列入行程規畫的排列組合，東北亞有東京、大阪、札幌、沖繩、熊本、首爾，東南亞前面說過有4個直航點，但我們想像力可以更寬廣些，如果把新加坡或曼谷當作與東南亞廉價航空的轉機點，例如從曼谷來回清邁，或是新加坡來回吉隆坡，只要有便宜的廉航機票，地點的選擇幾乎沒有限制，想去哪就去哪！

## 小飛機居多，經濟艙省省飛就好

跟上個心法相同，想榨出哩程的最大價值，提早兌換旺季時段最為划算，但必須留意的是，由小港機場出發的航班，除了東京、札幌跟部份的沖繩航班會使用A330-300的

大飛機，其他東北、南亞航線以單走道的737-800小飛機居多，座位少自然哩程票釋出也少，換票要趁早。去回廉價航空的單程航段，高雄到成田有香草航空，首爾仁川回高雄可選易思達航空。

兌換哩程數同樣是*經濟艙35,000哩／商務艙50,000哩*。若是長榮或華航經台北的外站哩程票，當然多15,000哩換四個航段的商務艙的確是划算的選擇，但中停高雄的外站票，除非帳戶裡的華航哩程爆多，我會建議兌換經濟艙就好，何解？

這跟上述說到從高雄出發的航班使用的機材有關，台北出發的長榮有已經改過艙、可平躺180度的桂冠艙可選，尤其是往東南亞樞紐機場的曼谷（因長榮歐洲線許多皆會中停曼谷）可搭長程線的皇璽桂冠艙，爽度更高。華航因為A350-900新機也投入到亞洲航線，因此只要仔細挑選航班，就可以換到等同於歐美線的全平躺反魚骨商務艙。同樣的50,000點，高雄出發不論是737-800的大板凳商務艙，或A330-300無法躺平又垂垂老矣的牙醫椅，花一樣的哩程數感覺上爽度差很多。

## 小港出發必懂福利：海鮮餐與機場接送

來談談高雄出發的飛客有什麼隱藏版的好福利，首先是

A321-200 184 Passengers (321)

1 高雄小港機場出發的航班,預訂海鮮特殊餐是
比一般餐點更好的選擇。

2 雖然對南部鄉親來說市區機場交通方便,但因
多採波音737或空巴A321機型執飛,商務艙就
是2-2排列的大板凳,座位數少難換,且CP值
不高。

預訂餐點，高雄出發的航班，餐點是由高雄空廚製作，或許是因為海港城市的關係，海鮮餐點相當美味，嗜吃海鮮者可事先跟航空公司預訂，是個不錯的體驗。

華航、長榮與國泰港龍在高雄機場都有自營的貴賓室，加上新貴通（PP卡）配合的摩爾貴賓室，比起台中僅有摩爾貴賓室、台南只有聯合貴賓室要好得多，但若是台中鄉親真有機會利用清泉岡機場出國，請利用信用卡所贈送龍騰卡的福利，到機場內的好饗廚房可點免費套餐。

除了住高雄市區的朋友，其他地方要到小港機場搭機，或是從台中到桃園機場，勢必會有機場接送的問題，這時信用卡免費接送機服務就派上用場了，目前網友評價最高的是中國信託信用卡附贈的機場接送，原因是中信的機場接送以台中為界線，把台灣分成兩區，可以從台中送到松山機場，也能從桃園機場送到花蓮，台東到小港機場也沒問題，若是跨區接送也只需多扣一次權益次數，超級划算！

補充題外話，若住在南台灣，亞洲萬里通其實是不錯的選擇，以香港作為轉機樞紐連接世界各地的航線，可能還比桃園出發更節省時間。

# 心法 08
# 單開口與雙開口，
# 外站票廉航與樞紐機場選擇

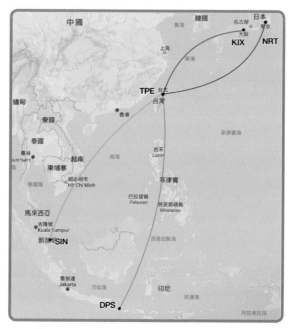

★大阪-台北-新加坡／ KIX-TPE-SIN
　峇里島-台北-東京／ DPS-TPE-NRT

　　如果你出國大多選擇從桃園機場出發，長榮或華航的外
站兌換機票操作心法都相同，但不論你想換的是哪一家，考
量的重點應是地點的規畫與廉價航空的選擇，這個心法就是

教你搞懂這兩點，進一步讓35,000哩的外站來回哩程機票的價值最大化。

## 單程廉航機票選購指南

　　首先，我們先來看開外站票必不可免的廉價航空（LCC），票價當然是廉航的優勢，但缺點也不少，像是紅眼班機多、座位小、行李重量限制等，且多數廉航無法累積哩程，在國人常用的廉航中，只有日本的香草航空，因為被全日空航空（ANA）併購且加入其哩程兌換夥伴，如果你手上有零碎的全日空哩程數，不論是實際飛行出來或靠聯名卡刷卡消費而來，可以用8,500哩兌換香草航空的單程票1張，用在外站票的頭尾單程也是好選擇，因為全日空計畫只能兌換自家航司的來回機票，香草航空的單程兌換票是個解方，但換來回票就划不來了，還不如兌換全日空的台日來回機票，座位、餐食、行李限制都要好上許多。

　　廉航機票價格自然是最大考量，如果台北到大阪、東京回台北的單程票含稅超過台幣4,000元，我不建議購買，畢竟2個單程加起來含稅超過8,000元，還不如買1張一般航司的來回機票，待遇更好價格也不見得貴。有心要換外站票的朋友首先要養成留意聯航促銷票的習慣，其實台灣常會有888元台幣單程這種超低價格，先把廉航促銷票搶下來後再

去開外站票才是正確的做法。

要規畫廉航＋外站票的行程，也最好先建立樞紐機場的概念，外站票發揮CP值的技巧，就是在利用開口的規則，讓來回機票玩3個地點，擺脫一般1張機票就是去跟回玩1個地點的制式概念，所以當我們要開外站票時，盡量都把開口塞在樞紐機場（Hub），如同此一案例中的大阪與東京，不論廉價或一般航空的班次都多，較好找到便宜的價格。

亞洲有哪些適合操作外站票的樞紐機場？我心目中最理想的有大阪關西、東京成田、首爾仁川、香港赤鱲角、曼谷素汪那普、新加坡樟宜、吉隆坡（我暱稱為Wonder 7機場），這些機場不但是長榮跟華航的亞洲重點機場，廉航也多，甚至通過轉機到其他區域地點也都很方便，若你有航空公司的高卡會籍，這7大樞紐機場的貴賓室品質也較好，（飛客小抱怨，唯一不達標的是首爾機場的貴賓室，餐食與服務跟美國的貴賓室相似，只有辛拉麵堪吃⋯⋯）。

## 外站票東南亞首選峇里島與新加坡

外站行程東南亞地點的規畫，我很推薦峇里島，長榮跟華航也都派飛較大機型，兌換機位的數量充足，況且峇里島的度假飯店相當多，要高檔要小資皆可任君挑選，國際連鎖飯店品牌也很多，如果同時也有累積飯店的點數（這點

我在後面飯店常旅客計畫心法篇會有交代）的朋友們，不愁兌換不到飯店。

　　來回外站兌換票，去程的出發地與回程的目的地不同（如大阪與東京），但去程的目的地與回程的出發地相同（如峇里島），稱之為單開口，同樣的，我們也可以把開口設在東南亞，例如SIN-TPE-KIX-TPE-DPS，同理也只要補上去成的台北到新加坡，以及回程的峇里島回台北，就可以串成雙城＋1海島的3段旅行。

　　像是亞洲航空AirAsia或酷航Scoot，都可以上述的東南亞樞紐機場作為轉機點，新加坡有酷航直飛，時不時就有破盤價出現，買酷航峇里島由新加坡轉機回台灣，也常有含稅後單程不到3,600台幣的價格。亞洲航空可由吉隆坡轉機也不貴，而且新加坡、吉隆坡都不需簽證，機場又大又新又好逛，若是從峇里島中轉吉隆坡回台灣，等於多加1個停點，去到4個旅遊地點，只要有足夠的假期，就能創造更高的CP值。

## 東北亞選大阪勝東京，雙開口長程也好用

　　按我們規畫的路線，去程的出發地與回程的目的地可設在長榮或華航的東北亞航點，例如說東京或首爾，但我推薦給大家的大阪是有道理的，雖然大阪距離跟比東京近，但班

1 廉價航空的座位空間是低價的宿命，雖然椅距是固定的，我個人會盡量選擇靠窗位，手部多一點伸展空間，且不用擔心老是被空服員走動時撞到。

2 首爾機場貴賓室最大硬傷就是餐飲品質，沒有特色亮點，只有與中國貴賓室裡康師傅泡麵相互輝映的辛拉麵。

次沒有比東京密集，好的時間帶機票都用搶的，加上附近的衛星都市京都、神戶都是觀光熱點，因此大阪的機票票價一向比東京貴，用外站票等於買2段廉航機票湊出2段東南亞行程，再送1張票價較高的大阪來回機票，是更進一步壓榨哩程價值的做法。

進出大阪關西機場不要忘了信用卡附贈貴賓室，只要憑JCB白金卡或是以上等級（晶緻卡、極緻卡）就可進入，像是KIX AIRPORT LOUNGE、比叡、六甲、Annex 六甲別館、金剛等。許多銀行JCB附卡皆免年費，只要幫家人申請附卡，就可以全家到貴賓室吃吃喝喝，既舒心又能省下機場外食的花費。

有單開口自然也有雙開口，把上面心法的東北亞與東南亞混起來：KIX-TPE-SIN ／ DPS-TPE-NRT，倒過來從東南亞當出發地也行，這就是典型的長榮華航雙開口外站票，一樣是35,000/50,000哩4段航班，只要在同一個區域內，去、回程都可以各有1個開口。只不過在接駁上除了頭尾兩段單程外，還得買一段新加坡到峇里島的單程票，同樣廉航也可以解決。

不只是亞洲線可用，若手上哩程足夠多，也可以將單開口／雙開口外站票的技巧用在長程線的兌換上，達到「換1張歐洲或美國來回機票、送2段日本機票」的效果，例如

說，KIX-TPE-FRA／AMS-TPE-NRT，哩數需求為經濟艙110,000哩／商務艙150,000哩。

## 「中停」與「開口」兩大必學飛客心法

之所以這麼麻煩開外站票，主要源於兩家台籍航司不佳兌換表格下、壓榨出做大價值的兌換方法，但其中使用中停與開口兩項規則，不只能用在國籍航空的外站票上，也廣泛使用在其他常旅客計畫上，尤其在規畫長假期的重要旅行，像是蜜月或週年紀念，跨洲甚至環球哩程票，就可利用中停與開口創造出一趟行程玩最多地點的價值。

當然，旅行不一定要為了CP值搞得那麼複雜，你若獨鍾東北亞某一城市玩2次＋東南亞單點來回，外站票開起來就會更省心省力。與其想破頭非得玩到4個地點，我反而建議大家多想想行程的時間點，日本自然是4月的賞櫻、11月的賞楓，峇里島等海島適合暑假7-8月份的親子出遊，透過提早開票降低旺季期間實際購買機票的成本，用最少的錢享受到最好的品質，才是哩程旅行的終極目標。

# 09 終極外站兌換票：華航的海島之旅

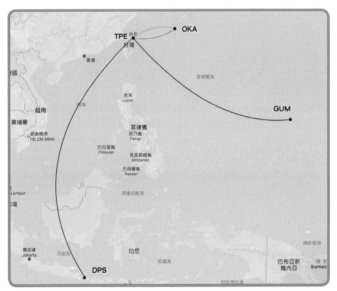

★峇里島-台北-那霸-台北-關島／DPS-TPE-OKA-TPE-GUM

　　終於講到外站兌換票的最後一個心法了，不知有沒有其他飛客跟我一樣，覺得哩程世界最有趣的就是規畫行程這一關，當想到別人沒想到過的行程，或是特殊的旅遊地點，都會有一種解成就的快感，以下同樣用35,000哩換出的「海島假期」，超適合喜歡浮潛、水上活動、飯店迷、海

島控的小資們。

　　同樣是運用東南亞開口（2個海島地點）、中停台灣到東北亞的來回外站票，東北亞的選擇比較單純，大家常去的沖繩我最推薦，租車自駕遊或公車＋電鐵兩相宜，國際連鎖或日本品牌的飯店選擇很多，老話一句，行程豐儉由人。

## 沖繩跳島遊請善用外國人特惠票

　　你說沖繩早就去到不要去？其實沖繩不只有那霸市，周遭還有許多附屬島嶼更適合海島假期的主題，像我個人非常推薦石垣島，超高檔的Ritz-Carlton麗思卡爾頓酒店在沖繩有兩家！（反觀台灣……1家都沒有啊），還有與神戶牛、松阪牛並稱為日本3大和牛的石垣牛，我知道近江牛、飛驒牛或米澤牛的粉絲們會不服氣，好啦標準放寬一點，列名日本10大和牛絕對沒問題！我個人很愛石垣牛較為清淡的牛肉美味，絕對值得專程品嚐。

　　至於從沖繩到石垣島的交通問題，日本行之有年的「外國人特惠票」可以解決，日本的兩大航空都有，日航稱為Japan Explore Pass，全日空則為ANA Experience JAPAN Fare，票價與規則也都大同小異。沖繩到石垣島的航班可購買日航機票，出發前3天在日航官網或電話訂購即可，單程只要7,560日圓的優惠價格，還100%累積到日航哩程計畫

或亞洲萬里通。

　　按照外國人特惠票的規則，大多都能以一口價10,800日圓買到單程機票，像是沖繩飛東京（或日本境內任一城市），通常日航與全日空票價都相同，但有一條日本飛行距離最長的直飛航線：沖繩－北海道札幌，屬於全日空獨家運營，一樣單程10,800日圓，還可累積70%的ANA或長榮哩程。以日航與全日空的機材與服務，我常覺得外國人特惠票等於打造2家全球最佳廉價航空，開長榮華航外站票時，若將日本境內的兩個城市設為開口，可得好好利用外國人特惠機票的佛心票價。

## 關島來回台灣可選韓籍廉航

　　再來講美國屬地關島，現在台灣護照免美簽，但入境美國還是得花14美元申請ESTA，不過關島是特例，只要搭乘台北直飛關島航班（目前是華航），帶著台灣身分證（14歲以下帶戶口名簿正本）就能以關島免簽證專案省下一人14美元，一大家子親子遊省下來的錢可不無小補。

　　關島跟沖繩一樣都非常適合自駕旅行，有國際駕照即可租車，但若只是一人到飯店耍廢放空租車著實太浪費，分享我的個人經驗給大家參考，關島沒有美國普及率幾乎百分百的Uber，計程車都是喊價（對，我被狠狠宰過一次），後來找到

模仿Uber開發的關島叫車軟體：StrollGuam，同樣從機場到飯店，計程車喊35美元，用叫車軟體才15美元，大海的孩子們請都先將此App下載到手機先（利益揭示：你下載我賺不到任何錢）。

　　至於峇里島的好處與廉航機票選擇，在上一則心法中已經說得很清楚，多補充一句，東南亞廉航的密度真的很高，雖然我已經算得上是資深飛客，大中小迷你水上各種機型也算無役不與，唯獨對東南亞的某些廉航敬謝不敏，由於涉及個人主觀，請恕我不一一指名，但各位在買票前可以先做點功課，我的標準並非那種被飛彈打下來的空難（馬航我還是搭的），而是這家航司有無大大小小層出不窮的飛安紀錄，尤其是危險度較低的飛安事故數十起、甚至被歐美國家禁航的航司，各位只需上維基百科搜尋即可一目了然。

　　最後補充一下關島回台北的便宜單程票怎麼買，從關島可搭韓國的真航空，早點搶位常常有含稅不到台幣9000元的機位，轉機之餘還能在韓國機場買海苔孝敬親友（去關島買韓國的伴手禮是什麼概念XD）。

**1.2** 只要是日本境內旅行，請善用日航的外國人特惠機票，雖然全日空也有類似的票價，但日航有提供國內線的J艙（比經濟艙稍大，請想成豪華經濟艙就對了），且只需加價1,000日圓即可現場升等，超級划算，在一些飛行時間較長的航段，像是沖繩飛東京，一寸椅距一寸金啊。

**3** 我個人超推薦的風味清爽又軟嫩的石垣牛，在石垣島當地吃價格宜人。

# 不知何時會下架的10,000哩單程當來回激省兌換票

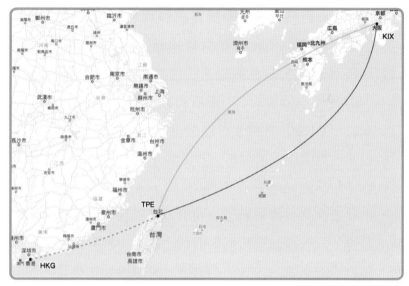

★台北-大阪-香港（台北跳機放棄後段）／ TPE-KIX-HKG（TPE）

　　光靠台灣信用卡的開卡禮，就可以換到數張日韓來回機票？

　　這個心法我一直很猶豫要不要放到書裡，哩程票的極致就是運用對於航空公司兌換規則的熟悉度，去操作出連規則設計者也想不到的超省兌換方式，但是，航空公司也不是笨

蛋，只要兌換的人一多，好康的規則隨時可能被改掉，就像搶Bug票一樣，換到手又完成旅程才是真的，萬一你看了這段心法換不到可千萬別怪我。

## 飛客必學：「第五航權」航點中停與轉機

單程票當來回用建立在兩個基礎上，一是亞洲萬里通的新制度實施後，將過去的來回機票兌換改成以單程機票計算，而且新制度沒有「不得折返回出發地」的限制（Back-Tracking），開1張單程機票可以先向北再往南飛，實際上就可以利用此一規則達成單程來回的目的。

第二個基礎是建立在所謂的「第五航權」（5th Freedom）上，也就是說某一國的航空公司可以經營另一國到第三國之間的航線，以香港為樞紐機場的國泰航空，經營由香港中轉台北到日本的東京、大阪、名古屋、首爾等地，後段的台北到東北亞的航段就屬於第五航權的範疇。同理，華航台北經東京到檀香山、長榮經曼谷到倫敦等諸多航線，也都有第五航權的航班。

新制度的亞洲萬里通在單程兌換機票，可以1個中停1個轉機（總計2個航段），所以按照規則，我們就可以換1張台北到大阪，將大阪設定為中停，接著執行數日在大阪吃喝玩樂的動作，之後由大阪飛台北（轉機）到香港。為何說單程可

當來回？這是因為從大阪到香港有經台北的航班可選，回到台北若無行李即可「跳機」，也就是拋棄後段台北到香港的行程，就能以兌換表上最低的10,000哩，完成一趟來回旅行。

最具爭議的就是「跳機」這個動作了，其實人跳機不是重點，行李能不能跟著人走才是問題，我的建議是，如果只有手提行李當然毫無懸念的說跳就跳（誤），只需抵達台灣後跟地勤通報一聲說有事不能搭乘後段即可，畢竟你在大阪領了到香港的登機證，時間到了乘客沒出現，可是會對辛苦的工作人員造成困擾。

## 轉機「跳機」，行李怎麼辦？

至於行李，雖說若你沒搭乘後段航班也沒知會航空公司，為了飛安還是會把你的行李卸下來，但終究造成別人的困擾，地勤人員特地幫你把行李領出來也要花時間，耗時是否值得就個人評估了。

要如何按照正規的程序讓行李跟人一起「跳機」？到目前為止並沒有通例，每個機場不同的地勤各有應對方式，也就是說當你在大阪機場報到時，可以直接問地勤行李是否能只掛到台北，碰到好心的地勤就算賺到了。

其實跳機這招在飛客圈很常見，通常使用在購買便宜的外站票上，例如長榮華航常會有針對香港旅客的促銷票，

喜愛飛行的航空迷出門的基本動作：精簡行李，
最好1個背包、1個登機箱搞定，不但節省行李
提領的時間、轉接不同聯盟航司不怕行李丟失，
也方便隨時進行跳機的動作（誤）。

從香港來回歐洲或美國的航點，會比在台灣買台北出發的票價便宜，雖然去程一定得接1段台北到香港的單程機票，但用哩程來換單程機票的成本不高，但回程沒道理再舟車勞頓地浪費哩程換機票從香港回來，就在經停台北時以跳機來省下時間與後段回台的機票。

如果有跳機的計畫，最好的方法是讓轉機的時間拉長，一般來說24小時內都算轉機，當天無法直接轉機行李自然可讓旅客提領，省掉在外地跟地勤交涉的時間與力氣。

小細節提醒，10,000哩換台北－日韓－香港的單程亞萬機票，只適合從台北到大阪、名古屋以及首爾（東京不是不能換，只是超過最低標準的距離範圍），而且要從日韓回到香港才會算單程機票，如果是台北到日韓再回到台北，立馬變成是來回票的20,000哩。

## 名古屋機場必用PP卡進星盟旗艦貴賓室

順帶一提，馬可孛羅會銀卡無法進入寰宇一家的聯盟貴賓室（只能進入國泰自營貴賓室），像是大阪跟名古屋的日航櫻花貴賓室，寰宇一家在首爾簡直弱爆，所以也不用多想。唯一解法是搭配第三方的PP卡或龍騰卡。好用度來說首選PP卡，在3個機場皆可暢行無阻，首爾機場內幾乎每家貴賓室都能進之外，還能到大韓航空與韓亞航空的主場貴賓室，不

過首爾貴賓室的品質不用期待，有個地方歇歇腳就是了。

但名古屋機場就厲害了，靠PP卡可進星空聯盟貴賓室，這可是星盟在亞洲唯一的自營旗艦貴賓室，其他的旗艦貴賓室分別在洛杉磯、巴黎、羅馬、里約熱內盧、聖保羅以及阿根廷布宜諾斯艾利斯（遠目～）。星盟旗艦貴賓室會比航空公司自營的商務艙貴賓室更高級些，只略遜頭等艙貴賓室，算是CP值極高的選擇。但若持PP卡進入須留意使用時間，畢竟是以服務星空聯盟航班為主，在聯盟航班較多的時段（例如平日下午），持PP卡的旅客無法入內，可改去隔壁的大韓航空貴賓室。

在大阪關西機場更威，PP卡除了可以去多家貴賓室之外，還能在機場吃免費的大阪燒餐廳！建議可選一張刷機票或團費就能免費送PP卡的信用卡來刷機票稅金與燃油附加費，讓信用卡公司請你免費在機場吃好喝好再登機。

# 心 法 11

## 亞萬新表來回標準動作：
## 中停＋開口＝一張票玩三個點

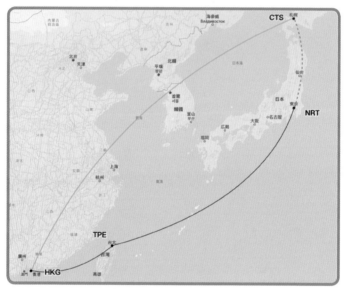

★台北-香港（中停）-札幌，東京-台北／
TPE-HKG（Stop）-CTS，NRT-TPE

前面不知不覺已經講了10個心法，卻還是在亞洲線打轉
（弱），我知道長程線或環球票有很多夢幻旅行地點、匪夷所
思的開票路徑、跟票面價格相比會讓下巴掉下來的華麗兌換
技巧，但是，回到初心，哩程是怎麼來的？絕對不是天上掉
下來的！要不用刷卡換來，要不用鐵屁股坐來的，一般小資

的旅行，也就逛逛日本、玩玩海島，能用激省的方式增加點小確幸，不就是旅行對於身處鬼島的大家最大的意義嗎？

　　所以，這篇還是沒有飛出亞洲，前面講可以單程當來回的兌換法，但如果你不想要「跳機」的風險，只想老老實實的換一張台北出發、卻具有高CP值的兌換票，以下這個換法用亞萬20,000哩換一次3個旅行地點，只要有足夠的假，我個人也覺得非常超值。

## 升等豪經艙CP值優於商務艙

　　前面說過亞洲萬里通新表的概念就是把來回看作2個單程，而每1段單程最多2個航段，可以轉機、停留或開口任選3次，在這個規則裡我們就可以創造出划算的行程了，從

1 這就是國泰航空區域線2-3-2的商務艙，比長程線的豪華經濟艙好不到哪裡去，如果飛行時間不長，升等豪經艙是較為划算且減省點數的選擇。
2 新千歲機場遛小孩專用的哆啦A夢航站樂園。

台北出發到香港（中停）玩第一個停點，從香港直飛日本北海道札幌（單程的目的地，設定為開口），暢遊北海道後自行購買日航或全日空的外國人特惠單程機票（10,800日圓的廉航價）到東京，2~3天的小旅行之後再從東京（回程的出發地）成田機場回到台北（回程的目的地），總共8天7夜可以玩香港2日遊＋北海道5日遊＋東京3日遊，善用連續假期人人都可玩一趟。

哩程兌換共計3個航程，1個中停與1個開口，全程都為國泰航空航班。其中香港直飛札幌航程長達5個小時，若想飛得舒服一點選豪華經濟艙甚至商務艙也行，亞洲萬里通現在的規則，可依照總飛行距離的比例混艙兌換，以這次的行程總哩程為3,988哩，而香港到札幌是2,131英里，佔總哩程的53％，因此只需要多加8,080哩升等豪華經濟艙、15,500哩升等為商務艙。

有心要混艙升等的朋友還是得留意下機材，香港往返札幌派飛波音777-300ER，配置新版區域型2-3-2商務艙座椅，隱私性不佳且無法平躺，若坐在中間的位子上廁所還給跨過鄰座，唯一的好處是起飛前可以使用香港機場的國泰貴賓室，但若在機場時間有限，升等豪華經濟艙哩程省一半，明顯CP值較高。

## 新千歲機場泡湯等登機

　　由於20,000哩只能兌換國泰或港龍的航班，因此在行程的變化性上可將去程的札幌、換成同樣有香港直飛的首爾、福岡、東京羽田、東京成田、名古屋以及大阪。回程的東京成田可替換成大阪、名古屋或首爾，日本境內皆可兩點任選。

　　對於航空迷不怕轉機（就怕飛得不夠長）、手上又有馬可波羅銀卡以上會籍的朋友，從東京回台北可以比照去程開轉機票，由東京羽田出發，經由香港中轉回台北的航班，可進入2個貴賓室來個機場1日遊，國泰航空在羽田是自營貴賓室，且委託由大倉酒店集團經營，堪稱是羽田機場中比日本航空、全日空都還要高級的貴賓室！

　　至於札幌新千歲機場，前面提到的PP卡跟龍騰卡都沒有配合的貴賓室，但手上有JCB信用卡的卡友可使用配合的免費貴賓室，在國內線、國際線都有，不過僅限定持卡人本人進入，若親子遊帶小孩得額外付費，我認為以當地貴賓室的水平來說並不划算。

　　其實若我有2~3小時在新千歲機場等登機，有比貴賓室更佳的選擇，新千歲機場內設有溫泉（真不愧是日本人，連機場也可以泡湯），而且室內浴場與露天裸湯一應俱全（啊嘶～），最讓我印象深刻的是哆啦A夢的航站小樂園，溜小孩的家長們千萬別錯過。

# 心 法
# 12 台日來回送一段台港單程
＋免費貴賓室好用APP

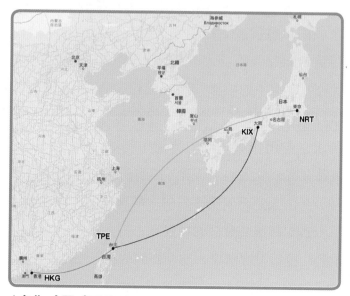

★台北-大阪／TPE-KIX
★東京-台北-香港／NRT-TPE-HKG

　　在兌換機票時必學的一個概念：不論中停或是開口，都可將下1段搭機日期設定在第1段出發日的1年之內，當然，中停點在國外，因各國給予台灣護照停留天數的限制，不太可能停留長達1年。但若中停地點就是在台北呢？這時就可利用此規則，兌換1張台北到日、韓的來回機票，賺到

1張1年內有效的台港單程機票。

　　實際上的操作跟前2則心法很類似，運用亞洲萬里通兌換日韓單程10,000哩的經濟艙，由台北到東京、大阪、名古屋、首爾，回程則同樣用10,000哩兌換由以上4個城市出發，經台北中停（期限為台北出發到日韓的1年內），轉機到香港，多出台北到香港的這段尾巴，亞萬要花7,500哩才可兌換到。

## 讓台港單程雞肋哩程票發揮最大價值

　　台北香港單程乍看之下是個雞肋，為了這張票專程跑一趟香港，得再用7,500哩（真金白銀買約4,000元左右）換張單程機票回來，相信很多人不會這樣做（但其實我很愛香港機場1日遊XD），不過這張單程票有更漂亮的用法，就是用在買香港出發的便宜機票上。

　　上一則心法曾經說過，長榮華航常會針對香港出發飛歐美的長程線，推出比台北出發更便宜的票價，如果差價頗大，這段台港單程線就發揮了創造最高CP值的效果，有了這張等於是送的機票補去程，加上回程的機票原本是要從歐美的目的地過境台北轉機到香港，訂位時可設定為抵達台北的隔天再轉機，如此一來在歐美的報到櫃台就不需多費唇舌與地勤交涉要在台北提領行李（有些機場的地勤不見得願意配合），行李到台北自然會卸下讓客人提領，只需跟地勤說一聲後段

放棄即可，非常完美的將哩程配合現金購票用在刀口上。

唯一美中不足的地方是，從台北出發的國泰航班與長榮華航分屬不同聯盟，且兌換票與購買的機票不是同一個票號，去程的行李無法直掛，到香港得領行李後再辦理報到，但既然要省錢，這點麻煩還是可以接受的。

除了長榮與華航，香港作為亞洲重要的樞紐機場之一，有許多台灣沒有的航點以及不飛台灣的航空公司，如果你在找機票時不以台灣為出發地，改設為香港，相信會多出非常多選擇，對於就是想搭不同航空公司的航空迷來說，這1段免費的台北香港單程票，無論如何都是用得上的。

## 善用PP卡與龍騰卡，機場吃到撐不用錢

前幾則心法中我不斷的提到利用信用卡附贈的貴賓室卡，物盡其用的讓登機等待時間更超值，這則心法我就以大阪機場為例，來仔細說說PP卡與龍騰卡到底能吃到、用到哪些東西，並分享如何方便找到可用免費貴賓室的方法。

PP卡除了可以進貴賓室外，在關西機場餐廳「BOTEJYU屋台元祖摩登燒」，持PP卡可兌換 3,400 日幣的抵用額，日式炒麵、大阪燒、章魚燒都可點來吃，若是一行人都有PP卡更好用，有次我跟3位朋友同行，4個人加起來有13,600日幣的可用額度，吃到撐卻連一毛錢都不用付！這個方法超適合親

子遊，早點到機場全家直接省下一餐飯錢（需不需要這麼拼啊）。

　　龍騰卡的貴賓室涵蓋度跟PP卡重疊性很高，能用龍騰卡進去的貴賓室通常PP卡也能進去，不過龍騰卡最大的優勢不是在進貴賓室，而是可以在機場內的餐廳兌換免費套餐，不是所有航司的貴賓室都像日航有握壽司、國泰有擔擔麵、華航長榮有牛肉麵這樣的亮點，免費套餐跟生冷沙拉相比簡直完勝，懂得使用龍騰卡還是有其價值。

　　至於到了某個機場，如何確認PP或龍騰卡可以使用哪些貴賓室？我都會在手機上裝兩套APP，一個是Loungebuddy，輸入你的航班資訊、航空公司會籍或機場貴賓室會員卡（例如PP卡、龍騰卡或美國運通卡），就會顯示目前你可以使用的貴賓室，還有使用者的評價及分享的照片，該去哪一間貴賓室比較有利（好吃）一目了然。

　　Loungebuddy無法完整收錄龍騰卡的貴賓室，所以官方App「龍騰出行」我也會在手機上下載使用。這兩張貴賓室卡的使用範圍寬廣，所以我兩張卡都會申請下來，且現在都有App QR code會員卡，存在手機就能使用。不過切記，不是每一張信用卡附贈的PP卡、龍騰卡都是免費，有些是辦卡免費，但實際使用需要扣台幣800元，有些則是刷機票或團費就能免費使用一次，記得看清楚使用條款，若需要額外付費，我寧可直接在機場內的餐廳消費，或省下來買伴手禮都比較划算。

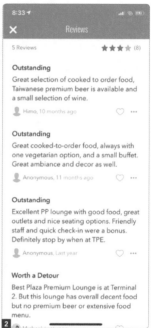

1.2 Loungebuddy這個APP飛客必備，除了可以查詢貴賓室提供哪些服務，所在的位置之外，也有旅客的評論可看，可作為進入貴賓室後狂吃狂喝的參考（嗝）。

3 大阪機場拿PP卡免費吃到的元祖摩登燒，絕對完勝許多只有冷食的機場貴賓室。

4 許多信用卡都有送PP及龍騰貴賓室雙卡，建議都先辦下來以備不時之需，不過須留意信用卡配合規則，以避免額外付費。

# 13 兩人同行，
一人優惠的亞萬商務艙兌換法

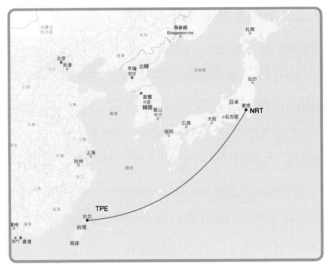

★台北-東京-台北／TPE-NRT-TPE

　　異地工作真的是賺取哩程很好的機會，我至今仍十分感激在大企業陪老闆出差所得到的養分，除了能見到很多世面外，其實我還默默地運用哩程技巧創造自己的福利，這個心法要講的是亞洲萬里通內行之有年的「同行貴賓獎勵機票」辦法，有多好康？讓我們繼續看下去……。

　　所謂同行貴賓獎勵機票，意思2人中其中1人用真金白

銀買商務艙或頭等艙機票（必須是成人，孩童或嬰兒不算），另一個旅客可以用所需哩程數約75折，兌換同班機同艙等機票的機票，也就是哩程兌換打75折的意思。

## 陪老闆出差偷搭商務艙的隱藏福利

我的情況是：老闆是商務艙，我只能買經濟艙，這時我會先請旅行社訂一個經濟艙的訂位紀錄留存（先不開票付款），以老闆的商務艙票號打電話給亞洲萬里通客服，要求兌換一張「同行貴賓獎勵機票」，只要帳戶中有足夠的點數，就可以75折換到商務艙的同行機票。回來報帳時以登機證＋訂位紀錄跟公司的會計請款（會計若問為何是商務艙登機證？我都會說運氣好被升等），如此一來，等於我用打折的哩數換到商務艙，並拿回經濟艙的現金，是不是超划算?!

個人經驗的小提醒，使用這招心法得多花一點心機，首先，你得提前幫老闆選前面一點的座位，像是商務艙第一排，位子大離廁所又近，老闆一定會喜歡你的細心，但其實你只是想離他遠一點XD（我自己的座位都選商務艙最後一排）。登機時也不要擺顯，大搖大擺走商務優先通道，我都是從經濟艙入口偷偷溜進去，神不知鬼不覺的完成偷搭商務艙任務。

話說讀者中若有勞苦功高的會計人員，千萬別看完後抓我們這些經濟艙出差狗的包，報帳時仍請高抬貴手，感恩啊。

不跟老闆出國，就用不到「同行貴賓獎勵機票」的優惠嗎？也不會，如果你原本就設定要雙人搭商務艙出遊，這就是以較低預算達成目標的方法，例如最近國泰正促銷台北－巴黎／布魯塞爾的商務艙機票，來回只要65,000元，跟平常動輒10萬以上的票價低出不少（但國泰大促銷的期限都很短，下手要快說走就走，旅行時間必須很彈性），這時1人買特價票，另1人用哩程數兌換，原本一張來回商務艙兌換票要130,000哩，優惠後只需97,500哩，省下32,500哩。

## 善用敬老票＋同行者優惠，票價、哩數雙75折

　　簡單來說，距離越長艙等越高省下來的哩程數越多，短程的亞洲線一樣可比照辦理，國泰台北東京商務艙促銷票，來回只需15,000元，用買1換1，原本東京來回商務50,000哩，75折可以省下12,500哩，只需37,500哩兌換來回東京商務艙，也不無小補。

　　實際的兌換操作上，通常我會在買票前打電話到亞洲萬里通客服，確認是否有兌換同行獎勵的機位，若座位充足即可馬上在國泰官網購票，同時務必輸入亞洲萬里通或馬可孛羅會會員號碼，後面換票速度才會快（想把哩程累積到日航或其他常旅客計畫，登機時再改回就好）。接著在亞洲萬里通的換票系統上，直接輸入購票獲得的訂位代碼，按步驟操作即可完成換票手續。

同行獎勵機票的換法只限於國泰與國泰港龍的航班，我推薦帶老人家長途旅行時使用，一則國泰商務艙的中式餐食很適合年長者，語言溝通也沒有問題，且部分航線針對滿65歲的長者會有票面價75折的商務艙敬老票，換算下來也等於一般購票打9折，若搭配上自己兌換商務艙省下的哩數，你說，是不是該找個機會帶長輩一起出國玩了？

1 亞洲萬里通兌換「同行貴賓獎勵機票」的頁面。
2 國泰航空商務艙的中式餐食，如果帶長輩出門，舒舒服服躺平的長途飛行、熟悉的華語空服員與中餐，加上優惠省下的點數，是非常高CP值的選擇。

# 沒有最佛心，只有更佛心：
# 呆灣郎就是愛ANA

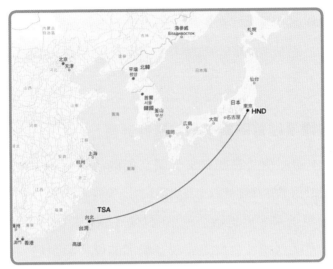

★台北-東京-台北／TSA-HND-TSA

　　到了這則心法，我們總算要離開長榮、華航跟國泰的魔掌了，準備進入到真正誘人的哩程世界，但在分享如何換到可以看極光、看企鵝、看海龜、看駱駝的夢幻兌換票之前（咦？後面幾個好像跑一趟木柵動物園都可以看到），且讓我們還是從基本功談起，看看這台灣人最愛的哩程計畫：全日空哩程俱樂部（ANA Mileage Club）的入門台日線兌換法。

前面說過我曾經在東京工作過一段時間，也因此接觸日籍航空公司的常旅客計畫：日本航空與ANA全日空，兩家都是5星級航空，日式貼心服務打趴眾多航司（尤其是美國大媽航空們），餐食更是沒話說，最基本的經濟艙都跟星級名廚合作設計菜單（還有肯德基、摩斯漢堡以及吉野家可以吃），飛機新、座位大（起碼經濟艙椅距都算前段班），對鐵屁股一族很友善。

## 親子出遊累哩首選家族桶常旅客計畫

日本航司擅長將飲食文化與文創優勢轉化成外國旅客趨之若鶩的亮點（綠地球跟小花也不錯啦，兌換表再佛心一點就更好了），對親子乘客更是貼心，小朋友可以拿到日航與巧連智聯名的巧虎撲克牌、全日空與波音聯名的模型小飛機，麵包超人的嬰兒尿布，兒童餐的精緻度也比照大人，一點也不馬乎。

不講究航空公司的朋友常分不清兩家日籍航司，因為中文名稱都有日本，之前有幾位朋友跟我說：「聽說日本航空推出星際大戰彩繪機耶！好想搭喔」「蛤？星際大戰不應該是跟全日空合作嗎？」原來他們所說的日本航空，是全日本空輸（ANA正式的中文全名）。

不只中文名稱類似，日航跟全日空的常旅客計畫基本上也大同小異，也就是相互抄來抄去的概念（有沒有很熟悉？就

1 日航的兒童餐有玉子燒、布丁、巧克力、哈根達斯冰淇淋，小朋友怎麼可能不愛！
2.3 全日空的星際大戰主題彩繪機身塗裝與親子貴賓室。

跟台灣的小花小綠一毛一樣啊！），但這兩家哩程計畫有個小花小綠遠遠不及的亮點，就是能把全家人的哩程集合起來開票的「哩程家族桶」。

各位一定常有這樣的經驗，飛一趟亞洲線得到幾百點的零星點數，放進帳戶裡最後的下場就是擺到過期放水流？像是爸爸媽媽帶小朋友出國，就算放到標準最低的亞洲萬里通也得累積到7,500哩才能換1張單程機票，若是寒暑假1年2次，累積4年也換不到1張單程機票（悲），但有了哩程家族桶，任何在個同一家族帳戶的成員（限制為二等親）累積出來的哩程，都能一起共用，就等於你帶父母、小朋友、甚至兄弟姊妹一起飛，哩程通通累積給你，團結力量大，一家人出國一趟可能就有台日免費機票可以兌換，這是日籍常旅客計畫大受歡迎的原因。

## 飛紐約送台日，還可換長榮航班

前面雖然花了些篇幅介紹長榮與華航的特殊兌換法，但實話說，真正進入哩程世界後，少有人針對兩家國籍航空的哩程計畫來累積，台灣的飛客們大多轉往ANA與亞洲萬里通兩個哩程計畫，雖說亞萬兌換亮點多、哩程來源多、兌換門檻低、短長程班機綿密，但為何台灣人對ANA如此情有獨鍾？我個人歸納兩點結論：一是兌換採區域制，不論短程

或長程的兌換哩數都較低，二是星空聯盟航線網路綿密，對台灣人來說最重要的是，可以兌換同屬星盟的長榮機票。

兌換標準低是全日空計畫的優勢（同理，日航也不高，請參看心法19），兌換台北到東京的ANA經濟艙僅需17,000哩，即便兌換同聯盟的長榮航空也只要20,000哩，比起長榮自家的35,000哩兌換標準，相差15,000哩，若以每刷卡20元換1哩計算，同一張機票得多刷30萬元，全日空佛系兌換表的威力可見一般。（小綠加油好嗎）

17,000哩是什麼概念？如果你飛1趟長榮台北到紐約的豪華經濟艙，來回就有16,000哩，放到全日空只要補個1,000哩，辦1張不需年費的中國信託ANA全日空JCB白金卡，消費滿888元就送1000哩，補齊馬上可換1張台日線機票。台北紐約豪經艙50,000元台幣，送1張台北東京價值12,000元的機票，呆呆的放在長榮，你連1張單程機票都換不到！

## 兌換香草航空台日單程，加贈20公斤行李額度

全日空的好還不止這些，哩程兌換頁面清楚好操作，直接在網上就完成換票程序，開票也很有彈性，改日期不收手續費、燃油附加費低，真要說缺點，無法兌換單程機票是個硬傷，但對經常跑日本的小資仍有解方，可用8,500哩兌換

香草航空單程機票，身為台灣人，我真的找不到不加入全日空計畫的理由！（這是真愛！）

ANA兌換香草航空的台日單程機票有個小亮點，贈送總重20公斤的行李額度，且不計件數，光憑這點就足以傲視所有廉價航空！（話說，誰會兩手空空從日本回台啊？）如何善用贈送的20公斤托運額度？我曾經肉身試驗過：先到機場的便利商店買一堆零食與日清泡麵，接著到報到櫃台附近的「JAL ABC宅配」或是「黑貓宅急便」買紙箱，把零食裝好裝滿再送去托運，行李額度一點都不浪費！

最後講到現實面，台日是黃金航線，不論是全日空或長榮的獎勵機位都很搶手，想換票越早下手越好，班機起降的時間帶也有影響，當然差一點的時間帶會較好換（例如晚去早回），但下手前得斟酌清楚，晚到班機形同多花一日的住宿費，未必划算。

# 日本一趟旅行，
# ANA聯名卡吃住撈5,000點攻略

　　這篇不講兌換機票心法，前面說了全日空計畫有多好換，但好康再多都得靠哩數，我們就來看看身在台灣如何靠日常刷卡消費，快速累積到全日空的哩程。

　　當年全日空在台灣還沒有聯名卡的時代，飛客們都是靠著華南銀行與全日空的合作關係集點，自己玩出所謂的「華南ANA套卡」，就是藉由華南銀行發行的不同卡種，在不同的主題消費獲得加成的華南點數，再由華南點數轉點到ANA會員中，最輝煌時期，以華南紅卡在日本消費相當於台幣10元1哩，大甲媽祖卡也有台幣16.67元1哩，申辦又免年費，飛客群人手10張華南卡都不誇張。不過去年中國信託與ANA推出正版聯名卡後，華南卡規則也改，頓時跌落神壇。

## 日本特約店家食衣住行皆有回饋

　　「ANA正版」的中國信託ANA全日空JCB極緻卡，海

外消費台幣10元1哩、國內消費20元1哩，雖然年費不低（首年主卡6,600元、副卡3,300元），但若常在日本消費，除了帳面上看得到的10元1哩外，還有ANA合作店家的回饋點數，只需以聯名卡刷卡支付哩程數即可入帳，若是在出遊前仔細規畫食宿兩項大宗開銷，店家回饋與信用卡海外消費兩頭賺，年費絕對值得。以下同樣是我個人在日本的「肉身示範」，實際演練吃一頓晚餐可以賺到多少哩程。

在台灣發行的聯名卡與日本的ANA CARD系統完全連結，許多日本全日空會員加倍送的活動（如ANA Mileage Plus），台灣的極致卡也完全適用，由於這張卡已經整合全日空會員卡功能，在機場報到時可用此卡來取代會員卡，機上購物刷卡也可直接累積哩程1卡搞定！

「ANA Mileage Plus」在日本特約店家非常多，其中包含兩個系統：一、ANA會員都能累積的「ANA グルメマイル」（全日空美食百貨）；二、ANA聯名卡持卡者限定的「食べログ ANA カードマイルプラス Tabelog」（全日空聯名卡哩程Plus）。兩者間的不同在於出示的會員卡不同，第一種全日空美食百貨針對所有全日空的會員，只要出示會員卡、聯名卡甚至ANA Mileage App手機會員卡，都能夠在這些商店得到回饋，店家涵蓋範圍很廣，除了餐廳外，日本的小七、星巴克、伊藤洋華藥妝店、進東京的京城電鐵或利木津巴

士、計程車、百貨公司、甚至買個RIMOWA行李箱都有回饋，100日圓給1～2哩不等。

第二種是與Tabelog合作的餐廳企劃，針對全日空聯名卡持卡人所設計的特約店家，在名單中的店家消費，使用ANA聯名卡結帳可另外以200日圓加贈1哩，跟第一種的100日圓2哩比起來好像差很多，但聯名卡的特約店大多是高檔餐廳，平常可是連一毛優惠都沒有，多拿算賺到。

## 哩程兩頭賺！日本吃一餐回饋1,000哩

實測的地點在札幌，到北海道旅行必吃螃蟹，於是我照著名單選擇了「札幌 かに本家 すすきの店」，在當地是非常有名也不好預約的名店（比起另一家觀光客常吃的「かに將軍」評價好）。除此之外，我還用了日本旅遊網站：樂吃購提供的5%折價券，手機出示就能使用。

結帳5%折扣後還是要21,317日圓，不愧是高級店，優質服務跟超級鮮甜的螃蟹算物有所值，要提醒櫃檯服務人員消費累積ANA哩程，不會講日文也無妨，直接說「ANA Mileage, please」，店員都聽得懂，服務人員會拿卡片刷過專門累積哩程的卡機，雖然我的ANA極致卡機器讀不出來會員卡號，但店員仍會用手寫單來作為補發憑證。

隔天在札幌車站的大丸百貨，臨時想找個地方吃飯，隨

1 日航與全日空在日本有很多的特約商店，只要在結帳櫃檯看到標誌，就可以進行累點的動作。

2 全日空聯名卡吃螃蟹賺到的哩數，機器刷不過也沒關係，店員會用手寫單據來作為累積的憑據，點數約兩週就會入帳。

3 全日空聯名卡住日本IHG集團酒店，可拿到的免費早餐兌換券。

意走進一家咖哩飯餐廳，結賬時發現這家餐廳也可以累積ANA！二話不說拿聯名卡來付款，雖然仍無法顯示會員卡號，但我隨身都帶著ANA會員卡，就直接用會員卡過卡，收銀機也立即列印出累積成功收據。入帳速度也很快，不到2週2筆消費都入帳了。

螃蟹餐廳是100日圓2哩，這次消費21,317日圓，特約店家回饋可獲得426哩，搭配海外消費台幣10元1哩的活動，台幣帳單是5,900元左右，得到590哩，光一頓晚餐就能獲得了1,016哩。如果是一趟人數較多的家族旅行，吃吃喝喝都找特約店家消費，一趟日本遊下來賺個5,000哩不是問題。

## 自駕遊首選全日空酒店，每天送500哩

除了吃，住飯店也可以累積哩程，全日空跟連鎖飯店集團IHG（旗下包括洲際、皇冠、假日等品牌）有深度合作，整個日本都有ANA與IHG合營的飯店，只要不是高檔的洲際飯店，使用全日空會員95折預定，房價每晚都在7,000～10,000日圓間，亮點在於，每次的Check-in可以拿到500哩的回饋點數，日本海外消費同樣有每10元台幣1哩，晶緻卡或極致卡的持卡人還可有免費早餐，住房累點首選。

住房賺點數尤其適合在日本開車天天換飯店的自駕遊，

原因是500哩的回饋哩數是採每次入住計算，也就是說你住1天跟住3天同樣都是500哩，若是天天都換飯店，每天都有500哩可賺，像是到北海道或九州開車自駕遊，4個晚上就可以賺進2,000哩，海外消費進帳1,000哩。這麼好累積，你說，台灣人能不愛嗎？

# 16

心法

## 23,000哩玩5城，
## ANA的榨汁機路線

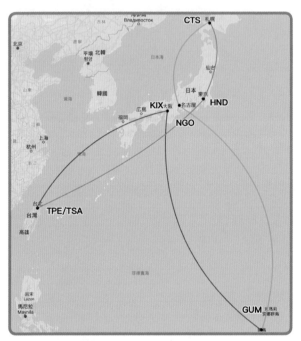

★台北-大阪-關島-名古屋-札幌-東京羽田-台北松山／
TPE-KIX-GUM-NGO-CTS-HND-TSA

　　有很多剛開始進入哩程世界的朋友跟我說，想兌換多點
城市行程卻總開不出票，這有兩種可能，一是真的沒機位，
或是不熟悉多點之間如何設定中停與開口，以至換票系統開
不出來。在找獎勵機位時，我個人會根據不同聯盟的系統，

將行程拆開來每個航段分開搜尋機位，大原則是，星空聯盟用全日空官網、寰宇一家用英國航空官網（British Airways）、天合聯盟就會用達美航空官網（Delta Air Lines）。

全日空的官網堪稱「星空聯盟航班搜尋引擎」，查票系統設計得非常完善，基本上只要在官網上選擇「哩程兌換」，並選擇多個城市與混艙的選項，系統就會自動顯示出每個航段自家或聯盟航班的機位狀態，而且只要是跨2區之內的機票，都可以直接在線上進行兌換（跨3區或以上就必須要致電客服兌換）。

## 善用規則用最低哩數開出最多航段

ANA哩程計畫之所以佛心，很重要的一個原因是採用區域制，能夠在原本就已經很低廉的兌換標準下，再根據同一區域及跨區域間中轉、開口的規則，設計出一張來回機票5個點6段航程，我稱之為「全日空終極榨汁機兌換法」，總共只要23,000哩。相比之下，就算把小綠哩數玩到殘的外站票（4航段3~4個點，還得搭配頭尾段自購），也還是要35,000哩。

這還只是短程亞洲區域兌換，跨洲航線跟環球票差更大，有在累積長榮哩程的讀者請擦乾眼淚，還好你買了這本書，人生還很長……

我的「全日空榨汁機路線」，除了自己實際上飛過，也

幫朋友規畫過類似的行程。如果你仔細看看亞洲各區域的劃分，日本、韓國都是各自獨立一區，台灣與中國、香港、關島等地是 Asia 1，所以關鍵是行程中轉或停點雖多，但都僅在 Asia 1 與日本這 2 區之間，所需的哩程數自然低。

行程的走法是由台北（去程出發地）到大阪（轉機）再到關島（中停），關島數日旅行之後再從關島回到名古屋（轉機），接著搭機到札幌（去程目的地）避暑數日。回程由札幌飛到羽田（轉機）後飛回松山機場，總共 6 段航班，轉機的大阪、名古屋與東京還可以設定 23 小時內的轉機，轉機城市都可以 1 天 1 夜自由行，這樣的行程僅需要 23,000 哩。

## 只要日本任一城市都可轉機 1 日遊

來，我們先把換票規則複誦一次：全日空兌換自家或星盟夥伴機票，到目的地的航段中可以中停／開口或停留 1 次，而轉機不論是在日本境內或境外可轉機 2 次。

聽不懂？解說案例給你聽，上述的關島是去程的中停，札幌是可停留的去程目的地，去程把中停／開口或停留一次的額度用完，回程由札幌起飛經羽田轉機回到松山，若是每個轉機城市都設定停留 24 小時內，善用所有哩程規則，才是「榨汁機路線」的奧義。

行程中只有日本－關島是兌換同聯盟的聯合航空，聯航

飛關島與日本的四個城市，分別是大阪、名古屋、福岡、東京成田，也就是說，實際操作上可將上述去程大阪、名古屋換成福岡、成田，去程目的地的札幌更可換成日本任何一個城市停留，例如換成沖繩那霸來個關島、沖繩雙海島之旅也沒問題，只要不怕轉機，榨汁機路線的使用非常寬廣。

## 亞洲換票首選低附加費的聯合航空、韓亞航空

不想轉機轉得那麼累的讀者，則可善用開口＋轉機的規則。例如台北到大阪玩幾天（開口中停），自行搭乘新幹線一路玩到福岡，從福岡搭機到關島（去程目的地停留），幾天後再從關島搭機到東京轉機（24小時內）回台北。

ANA的哩程計畫的另一個好處是，機票改日期無需手續費，只要日期是在開票日起1年內，有同路線的任何替代航班機位，都能夠做變更，我建議讀者開票前先把路線想好（因為路線不能改），先提前把飛行路線的航班訂下來，日期可慢慢微調，適合假期較長、沒有時間壓力的飛客們。

要特別留意航班燃油附加費的支出，兌換機位時優先考量全日空、聯合航空、韓亞航空、加拿大航空、紐西蘭航空與波蘭航空的航班，燃油附加費比較低，不過若有長榮航空且為直飛回台灣的航班，即便燃油附加費高一點點，也還是相當值得兌換！

# 心法 17
# 馬爾地夫 or 夏威夷？
# ANA 的兩種蜜月行程規畫

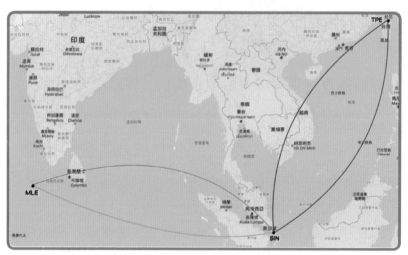

★台北-馬列-台北／ TPE-MLE-TPE

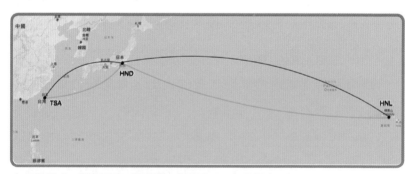

★台北松山-東京羽田-檀香山-東京羽田-台北松山／
　TSA-HND-HNL-HND-TSA

如果說人生中有什麼旅行是最花錢的，大概首推蜜月旅行吧（女性讀者頻頻點頭……），小資該如何利用長期規畫存下哩程，滿足既能在預算內減省費用，又能去到夢幻的旅行地點？全日空計畫就很適合幫你們圓夢。

## 換馬爾地夫很超值，但須留意燃油附加費

星空聯盟旗下多數航司，都把熱門的蜜月勝地馬爾地夫劃歸在中亞或與夏威夷一樣是獨立自成一區，但全日空把馬爾地夫歸類到Asia 2、也就是跟新加坡、印度、馬來西亞、印尼等國家同一區！沒感覺？我算給你聽，台北飛馬爾地夫經濟艙來回只要31,000哩！真金白銀花錢買要台幣3～4萬，每1哩的價值隨隨便便都超過1元台幣以上，若換的是商務艙CP值更是驚人，31,000哩是什麼概念？放到長榮連台日線都換不到！

雖然需求哩程不高，但是兌換馬爾地夫的航班有個必要之惡，就是燃油附加費（YQ Surcharge），通常我們買機票會包含票價、稅金、燃油附加費這3項加總，兌換機票省去了票價，但稅金跟燃油附加費可省不掉，尤其是在星空聯盟下，台北新加坡中轉馬爾地夫，後段只有新加坡航空可選，而新航收燃油附加費是出了名的兇狠，前段由台北飛新加坡選擇長榮的航班，多少可減免一些。

想知道兌換機票的燃油附加費要付多少，請善用ITA Matrix這個網站，查詢你想要兌換的路線航班，跑出來的結果其中有一項稱為YQ Surcharge，就是萬惡的燃油附加費了！每家航空公司收取燃油附加費的標準都不一，各地機場稅金收費也各有標準，所以有些YQ收很兇的航司、或離境稅金很高的機場，在兌換時就得盡量避免，前者在星盟中出了名的土耳其航空、漢莎航空、奧地利航空等，後者像是倫敦的希斯洛機場。解決方案是用低YQ的航司替代（例如轉機取代直飛），後者則由蓋特威（LGW）取代希斯洛（LHR）出境。

## 夏威夷哩數不到華航一半，JCB卡好康多

　　至於另一個夢幻蜜月地點夏威夷，由於全程可兌換全日空自家航班，沒有燃油附加稅的問題，周邊朋友蠻多人選擇夏威夷作為蜜月、拍婚紗甚至婚禮的夢幻地點，因此也有朋友問我，如果把夏威夷設定成兌換獎勵機票的目標，哪一個常旅客最划算？華航兌換直飛或經東京到夏威夷需110,000哩才有一張經濟艙來回機票，毫無懸念的請選擇日航或全日空，標準時段都只要50,000哩就能兌換1張經濟艙往返機票。

　　雖然夏威夷對日航或全日空而言都是重要航點，但有以下兩個理由我建議台灣讀者選擇ANA計畫來累積兌換，一

是ANA透過台灣的聯名卡容易累積（請參考前文），日航除非用鐵屁股飛出哩程，要不台灣信用卡50元台幣才能換到1哩，實在比小綠小花聯名卡還不人道！二是全日空不僅能換到從台北經東京轉機到夏威夷，及早兌換還能從松山飛羽田轉夏威夷，市區出發的CP值更高啊。

從2019年開始全日空飛夏威夷航線還有一個亮點，採用A380雙層客機營運，如果你這輩子還沒有機會搭過這架巨無霸，利用蜜月來解成就再適合也不過了，A380飛行時的安靜與平穩有口皆碑，機身大經濟艙也頗為舒適，若是想趁蜜月機會一次梭哈點數換商務艙，全日空在夏威夷有全新打造的自營貴賓室，並在兩艙（商務艙與頭等艙）提供特殊餐點，更能創造蜜月旅行的甜蜜回憶。

延伸提醒夏威夷旅行善用信用卡優惠，在夏威夷基本上講日文也能通（根本有種日本離島的錯覺），所以刷JCB卡優惠比VISA ／ MasterCard還多，像是搭威基基觀光導覽巴士Waikiki Trolley，持卡人上車出示JCB卡，即可本人與一名大人同行者、外加兩名11歲以下的孩童共兩大兩小免費乘車！別小看這項優惠，成人一天的票價可是要價41美元，兩大兩小省多少請自己敲計算機。另外，即便是搭經濟艙，持JCB卡也可在夏威夷檀香山國際機場有免費貴賓室，好用程度真不輸日本本土！

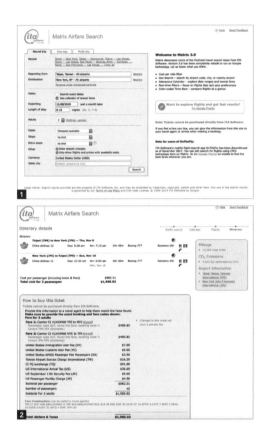

**1.2** 查票軟體ITA非常好用，將選項都輸入之後，即可跑出票價的詳細說明，包含票價及各項稅金、附加費的金額等，其中航空公司燃油附加費YQ Surcharge，圖中華航台北飛紐約為91元美金，並不算太貴。在兌換機票之前，可用ITA來確認不同航空公司在各航段的YQ金額，作為兌換選擇參考。

**3** JCB卡在日本及夏威夷機場都有免費貴賓室可用，提供沙拉等簡單餐點。

## 心法 18
# 跨洲與環球票首選，
# 淡季45,000哩就能換！

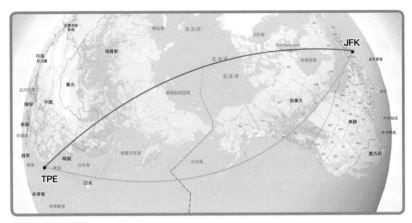

★台北-紐約-台北／ TPE-JFK-TPE

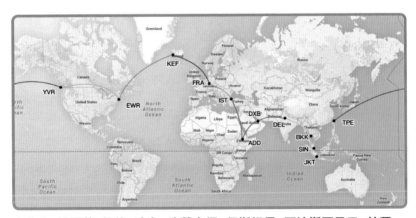

★台北-溫哥華-紐約-冰島-法蘭克福-伊斯坦堡-阿迪斯阿貝巴-杜拜-
新德里-曼谷-新加坡-雅加達-台北／
TPE-YVR-EWR-KEF-FRA-IST-ADD-DXB-DEL-BKK-SIN-JKT-TPE

終於，我們來到大魔王等級的哩程世界了，這篇心法要講的是50,000哩以上的兌換心法，基本上我幫大家歸納為三大類：飛歐洲、飛美國、飛環球。你或許會納悶，為何前面亞洲兌換我花了那麼多篇幅來寫，到了飛法千變萬化、行程無奇不有長程線，我只花了一篇心法交代？

## 兌換長程或環球票，集中火力累積才是王道

其實，正因為世界太大，當你把目標放眼到美洲、歐洲、甚至全世界時，從A到B的路線心法反而不重要了，重點在能夠集中火力累積到固定一個常旅客計畫，換到足夠的點數，做功課熟悉此計畫的兌換規則，在擁有的點數範圍內創造最高的CP值，我始終認為，不論是信用卡點數或是哩程數，都只是達成夢想的一個工具，與其天馬行空想一堆行程，還不如築夢踏實來得重要。

也因此，在我繳過許多學費，飛出各家航空的會員卡與哩程後（屁股好痛啊……），還是把哩程總規畫到3個常旅客計畫裡：搭星空聯盟航班時，除非累積率是0%，即便該班次累積到長榮會員可能會多25%的哩程，我都會無條件累積到ANA會員計畫（長榮經濟艙只要Q/S/H/M/B/Y的艙等都能累積到ANA計畫中）。同理，搭乘寰宇一家航班我選擇累積到日航會員（為何不是亞洲萬里通？我在下一個心法就會交代）。至於天合

聯盟班次，就累積到哩程終身永不過期達美航空，雖然有人認為達美哩程有冥幣之稱，但對於不常搭乘天合聯盟航班的我，不過期才最重要（畢竟出差狗的好日子一去不復返啊）。

順帶推薦一個好用的小網站：accumiles，如果你是真金白銀購買的機票，不知該累積到哪個常旅客計畫、以及能累積多少哩程，只要輸入航空公司代碼，以及購買機票的艙等（不是經濟商務頭等，而是類似Y/Q/M/H之類的艙等），跑出的結果就會是累積到同一聯盟各家計畫、甚至不同聯盟但實際上有合作的航空公司計畫的累積率，來決定到底要將本趟飛行哩程放到哪個計畫中。

## 全日空換長榮最高CP值的台北紐約航線

全日空計畫換長程線同樣有超佛心的兌換哩程數，飛歐洲淡季，兌換自家航班來回經濟艙只要50,000哩，換同聯盟長榮歐洲線58,000哩。飛北美，淡季自家航班來回經濟艙45,000哩，換長榮60,000哩。全日空的兌換表有分淡季／標準／旺季三種不同的兌換哩數，因此淡季的時候搭乘全日空從台北經東京轉機至紐約（或是任何一個全日空的北美航點），只要45,000哩，亞洲萬里通換國泰航空台北經香港到紐約要84,000哩，就更別提長榮根本毫無兌換慾望的100,000哩了……。

歐洲北美各大城市的兌換哩數，大家直接上官網都可查到，我只是想告訴大家，如果不在乎轉機，不在乎體驗冰天雪地的歐美風景，淡季兌換全日空哩程數之低絕對超乎你的想像。

對台灣人來說最大亮點當然是用較低哩數來換長榮航班，以長榮最長飛行距離的台北－紐約為例，ANA哩程換皇璽桂冠艙到紐約（就是大家都打卡炫耀拿RIMOWA過夜包的商務艙），往返僅需95,000哩（經濟艙60,000哩），長榮自家兌換皇璽桂冠艙往返要150,000哩，經濟艙100,000哩，我就不再數落小綠的兌換表有多爛了，總之全日空的優勢不言可諭！

提到哩程界經典兌換的台北紐約來回皇璽桂冠艙，我個人的換法是將回程多換一段從紐約到舊金山的星空聯盟航班中停，接著再從舊金山搭長榮皇璽桂冠艙回台北，只要慎選機材，美國現在跨大陸航線也有提供可全躺平的商務艙，像是紐約到舊金山或洛杉磯，舒適度不輸國際航班。從舊金山搭長榮皇璽桂冠艙回台北，可順道在舊金山機場使用聯合航空最新的北極星貴賓室，算是航空迷的小小福利。若要照此行程，請注意聯合航空已經從甘迺迪機場（JFK）移到紐華克（EWR）機場，從紐約選搭聯合航空的航班，在搜尋機位時出發地可直接用「New York（All）」，紐約3個機場的航班都會顯示。

1.2 若透過哩程換到平常較少搭到的航空公司，可吃到各地特色餐點，像是新加坡航空或馬來西亞航空就以沙爹（東南亞的肉串，搭配花生製成的醬汁）聞名，尤其是馬航沙爹在飛客圈頗有好評。吃膩了一般的餐食，提前預訂像是印度餐的特殊餐，也是有趣的飛客體驗。

3.4 用全日空哩程換長榮皇璽桂冠艙是許多玩家的首選，除了五星級的硬體設施外，長榮的餐食也值得稱許，像是大手筆的使用頭等艙等級的香檳王，高於一般商務艙的水平。

## 長程兌換大不同：歐洲設開口，北美設中轉

　　亞洲線我不太會推薦大家換商務艙，但跨洲飛行就不同了，理由很簡單，除了飛行時間長鐵屁股真的很難受外，用全日空兌換商務艙的哩程數只比經濟艙多出1/3強，但論及票價，商務艙絕對是經濟艙的5倍以上，也就是說只要多花一些點數，就能換到帳面價值高出數倍甚至更高（例如頭等艙），若手中有充足的點數，且不論個人的消費觀，換兩艙的CP值真的很高。

　　全日空的跨區域兌換除了轉機外也允許1個中停或開口，一般來說北美我會盡量選擇中停與轉機，歐洲可以盡量開口與轉機，何解？主要是北美內陸段比起歐洲而言貴上許多，因為北美並不像歐洲各國都有方便的高速鐵路系統，大家都搭飛機，自然票價較高（便宜的不是沒有，但不見得你想去的地方都有），若設定開口、自購中間段機票的成本較高。反觀歐洲，跨國之間高鐵車站都在市區，省下往返機場的時間，廉價航空也很發達，即便去回程開口的跨距很大（例如說去程到維也納、回程從倫敦出發），也不難找到便宜的銜接機票。

　　飛歐洲或飛美洲都是跨洲（大洋）的飛行，基本上就是往西飛或往東飛的來回，如果你的一次旅行想跨兩洲以上，這就進入到環球票的領域了。按照距離來看，若你從台北飛一趟紐約來回，大約只比繞地球一圈的距離少一些，也就

是說，如果你飛完紐約、跨完太平洋繼續跨大西洋，然後從歐洲再回到台北環繞地球一周，各家航司的常旅客計畫會根據環球兌換機票給予更為優惠的兌換哩數、以及更多的停留地，這就是為何大家都想換環球哩程票的由來。

## 最低兌換哩數的小環球票

全日空環球票堪稱哩程界的良心：實際飛行哩數決定所需的兌換哩程數，必須在365日的期限內把航程飛完，路線必須順著往東飛往西飛，而且要跨洋（大西洋或太平洋），最多可以開12個航段、8個停留點，其中歐洲大陸內不可以超過3個、日本不能超過4個，可以設置4個開口（同城市不同機場也算1個開口）。好了，規則講完了。

如果你從第一個心法看到現在，我剛剛講的規則你大概都聽得懂，環球票好開難開完全看你想去什麼地方，如果你想去的是非常極端偏遠的地方，自然要找到機位不是那麼容易，就全日空所屬的星空聯盟，已經是3大聯盟中航司最多、航線最廣的聯盟，除了在南美洲最弱之外，其他地點只要花點力氣做功課，都不至於換不到。

我先來示範一個經典小環球機票，需求哩程數最低、旅行時間最短，從台北出發，全程沒有開口一站接一站，台北搭長榮航空到芝加哥、芝加哥搭聯合航空到巴黎、巴黎搭奧

5 去冰天雪地的南極不能摸企鵝，要到熱到靠北的杜拜才可以，這實在是非常衝突的邏輯。

6 若用全日空兌換長榮北美線皇璽桂冠艙，記得請造訪聯合航空最新的北極星貴賓室，非常值得航空迷一遊。

地利航空到維也納，最後從維也納搭長榮航空直飛回台北，大約10～14天可完成旅程，行程既不會太趕，任何上班小資族也都能請到假，總實際飛行哩程17,838英里，兌換經濟艙只需要65,000哩（只比換長榮台北紐約來回經濟艙多5,000哩），商務艙則為105,000哩（也只比換長榮台北紐約多10,000哩），換張機票環遊世界並沒有想像中遙遠！

　　簡單來說，規則雖然可以停留到8個點，但飛行距離跟兌換點數是連動的，一般人開始想換環球票，通常心會很大，去北極看極光還想去南極看企鵝，但真若如此實際飛行距離也會暴增，兌換的哩程數更會隨之連動而增加，我反而會建議大家反過來，能存到多少、或手上有多少哩程數，根據這個數字來規畫旅行的內容，世界很大，不用期待一次旅行就跑遍所有地方（哩程世界來日方長啊）。

## 環球票榨汁路線，就怕你的假不夠多！

　　有位朋友之前找我喝咖啡，問我怎麼開環球票燒光他狂刷ANA聯名卡獲得的哩數，經過討論開出總距離24,482英哩的行程，全日空兌換表在22,001～25,000英哩的環球票行程，都算100,000哩數（商務艙145,000哩，實在是非常划算）。

　　這個行程就是（深吸一口氣）：台北（TPE）到溫哥華（YVR）停留，接著到紐約（EWR）停留，然後到大家都愛去、但台灣

人去到爛的冰島（KEF），看完極光後到德國法蘭克福（FRA）停留，之後去土耳其伊斯坦堡（IST）吃軟糖、看熱氣球，然後到非洲衣索比亞首都阿迪斯阿貝巴（ADD）轉機打卡，飛到杜拜（DXB）飆沙跟摸企鵝（全世界唯一可以直接觸摸到企鵝的地方，外面很熱裡面很冷，我不太理解中東人的邏輯，只能說有錢就是任性），接著到印度德里（DEL），效法賈伯斯在此地尋找生命的真諦，飛往曼谷（BKK）轉機到新加坡（SIN）吃胡椒味很重的新加坡式肉骨茶，看過獅頭之後搭機到雅加達（JKT）轉機打卡回台北。這樣的人生探索之旅（咦），把8個停留用好用滿，轉機3次，總哩程剛剛好控制在25,000英里之內，榨汁榨到最高點。

說句中肯評價，星空聯盟雖然航點密佈，但各地航司品質不見得一致，這行程你可以搭到長榮航空、加拿大航空、聯合航空、漢莎航空、土耳其航空、衣索比亞航空、印度航空、新加坡航空，其中新航商務艙的龍蝦餐當然沒話說，咱們台灣之光也是五星級、加航商務艙座位與服務中規中矩、土耳其航空座位不怎麼樣，但餐食不負全球三大美食國的稱號、漢莎航空有著德國人一貫的俐落設計與服務。至於聯合航空得看你有沒有搭到新版北極星，衣索比亞航空與印度航空，除了機艙氣味無法避免的充滿著「異國風味」，但利用環球票能搭到平常少見的航空公司，也是難得體驗。

簡單來說，只要算好實際飛行距離、符合開票規則、往西或往東跨洋並跨三個區域，不管你是10天，還是成龍環遊世界80天（他都好幾架私人飛機其實不需要），全日空都能讓你飛遍全世界。

# 心法 19 死忠鐵粉的告白：
日航哩程累積與兌換的解法

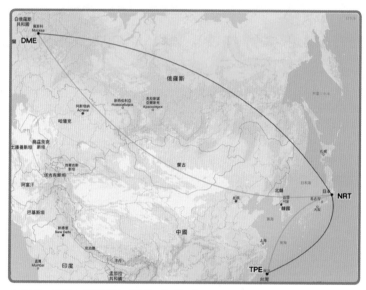

★台北-東京-莫斯科-東京-台北╱ TPE-NRT-DME-NRT-TPE

　　我第一次搭乘日航是台日線還是由日本亞細亞航空（JAA）直飛的時期，之後因為東京的工作時也經常搭乘，日航一直是我很喜歡的航空公司，服務貼心動作也優雅，比起全日空更顯得「和風」，也因此一試成主顧，開啟了我捨亞洲萬里通而專攻日航哩程計畫。

　　先前講到日本兩家航空公司的哩程計畫都是抄來抄去，

全日空如此佛心，日航在競爭壓力下也不得不佛。除了日本國內市場的直接競爭，全日空與聯合航空在星空聯盟的架構下，建立跨太平洋聯營夥伴關係，自然同為寰宇一家的日本航空與美國航空間，也有極重要的合作關係。雖然日航曾歷經破產與重整，但仍對寰宇一家不離不棄，中間天合聯盟的老大達美航空曾一度想搶親卻失敗，這也導致現今達美放棄東京作為亞洲樞紐機場，並轉而與大韓航空合作，在首爾仁川機場另起爐灶。

## 如何在台灣累積難以取得日航哩程？

而同在寰宇一家內，加上航線多少有重複，日航哩程計畫與國泰的亞洲萬里通之間，就呈現出一種競合關係，從兌換表來說，日航哩程並非沒有競爭力，尤其長程線與環球票更是比亞萬要好得多，但日航哩程在日本本土以外實在太難累積了，這點大輸亞萬，也造成了亞洲萬里通在台灣一枝獨秀的盛況。

我個人堅持將寰宇一家哩程存放在日航計畫有以下原因：一、與全日空一樣有全家桶，帶小孩出國累積划算。二、台日線兌換淡季只要18,000哩，台美航線兌換的亮點更多。三、日航的高階會員卡JGC維持容易，不像其他航司常旅客高卡2年或3年一切歸零，值得繼續持有（這點我在之後心法會說明）。最後一點，日航機上跟貴賓室的餐食真的都豪好吃啊（吃貨表示）。

先講如何集點，在台灣日航雖與新光銀行有發行聯名卡，但得消費台幣50元才1哩，絕對不是最好的選擇，不過我還是有申請，因為機上免稅品以及機場免稅商店BLUESKY消費有9折優惠，而且免年費無成本。消費累積到日航最好的信用卡，反而是「永旺金卡」（這你想不到了吧！），在每個月只有3天的「永旺五倍會員日」刷卡，相當於台幣20元1哩，直逼多家的航空哩程卡，比起全日空聯名卡國內消費也毫不遜色。

## 如何評估每哩兌換價值是否划算？

日航在兌換自家航班時與全日空相同，同樣有分標準、旺季與淡季，2018年12月還新增一個「動態獎勵機票PLUS」，基本上就是把旺季時段變成動態制，若機位較熱門時就必須用比較多的哩程兌換（就是變相貶值啦），雖然有針對日本本土發行的日航聯名卡提供更優惠的折扣兌換，但這跟Base在台灣的各位無關，看得到卻吃不到。

日航在國際上廣結善緣，因此除了寰宇一家成員外，包含阿拉斯加航空、捷星航空、阿聯酋航空、法國航空、大韓航空、中國東方航空以及曼谷航空等，也能用日航哩程兌換這些「好朋友航空」（當然搭乘上述航空也能累積日航哩程。相較之下，亞洲萬里通除了能換阿拉斯加航空與曼谷航空之外，其他都兌換不到）。

1.2.3 日航的哩程除了換日航班機外，還可以兌換阿聯酋航空A380頭等艙在空中洗澡、大韓航空經濟艙吃海苔捲飯（落差真大），甚至天合聯盟的東方航空也可換，運用的航司非常廣泛。

4 我的日航累點套卡，其中主力放永旺JCB金卡，中間是美國發行的日航聯名卡，新光的日航聯名卡當抽屜卡。

例如喜歡在3萬英呎高空的洗澡控，A380阿聯酋航空頭等艙是一生一次的體驗目標，台北直飛杜拜來回得花135,000哩的日航哩程（2018年11月20日改制以前兌換，只要105,000哩）。需要留意的是，有些人會想換單程節省哩數，但因為日航採距離區間制，台北到杜拜去程經濟艙回程頭等艙，加總還是要127,000哩才差8,000哩，對比頭等艙來回16萬台幣的票價並不划算。

順道一提，在兌換機票時評估哩程價值是否划算？我的心法是：機票現金價（不含稅）÷哩程兌換數，每哩程價值大於0.6元即可兌換，大於0.8元非常划算，大於1元：必須換，不換你會捶心肝！反之，低於0.5元是虧本換，若低於0.3元，你為何不換台除濕機就好？

## 日航兌換亞洲線航點：上海最低、莫斯科最超值

亞洲線除了兌換日航台日18,000哩經濟艙來回外，台韓航線也行，大韓航空飛航台灣採A380雙層巨無霸，現行台北到首爾來回只需要20,000哩（在2018年11月20日改制後只要15,000哩）。台北往返上海可換東方航空來回經濟艙，現行只要15,000哩，改制後只低至12,000哩，且東航上海台北機材是波音777-300ER，在機上設置有雙床套房的頭等艙，用日航兌換，改制後也僅36,000哩而已，實在是體驗頭等套

房最划算的兌換了。

　　最後就是曼谷航空的經典航線，從曼谷飛蘇美島經濟艙往返15,000哩，改制後只要12,000哩（亞洲萬里通要20,000哩）。可以考慮的還有印度德里的35,000哩，台灣只有華航一家直飛，從日本轉也是選擇，日航採波音787-900新機，餐食也較好。最推薦的是兌換經東京到莫斯科航線，全日空沒飛，在日本日航獨家，台灣沒有直飛且可選擇的航空公司也不多，況且日航兌換只要佛心價40,000哩，就能兌換飛行距離長接近歐洲的來回航段，非常值得。

　　如果你對於以上航線有興趣，兌換日航哩程機票最重要是查清楚淡旺季的限制，除了淡季哩程可以減省之外，也避免你因為去程在淡季、回程在旺季，而要付出較多哩程的情形發生，我建議你可以搜尋查看「JAL International Award Ticket Discount Mileage」的頁面，裡面就有針對各兌換路線旺季日期的詳細說明。

　　除了正班機，日航也常會為會員舉辦哩程包機的活動，尤其是東京成田包機至帛琉，幾乎是每年的定番，經濟艙兌換來回40,000哩，而且既然是會員兌換包機，機位自然是大把大把的放，如果想去帛琉（支持邦交國！），若華航直飛機票太貴、手上又有日航哩程時，可以買張廉航機票，串連東京與帛琉兩個旅行地點，也是頗有創意的玩法。

# 20 飛行控北美線的最終極換票法

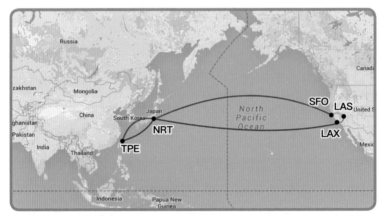

★台北桃園 - 東京成田 - 舊金山 - 拉斯維加斯 - 東京成田 - 台北／
TSA-HND-SFO-LAS-LAX-NRT-TPE

　　日航哩程計畫兌換長程機票，最適合用在北美航線，有飛美國的需求，想要以最低哩程數飛行最長距離，想搭比一般航空公司更舒服一些的經濟艙、更美味的餐食，日航哩程計畫就是最適合的標的，沒有之一。

## 座位大餐好吃：鐵屁股最愛「全球最佳經濟艙」

　　為什麼我敢說得這麼斬釘截鐵？日航在2017/2018連續

**1** 日航經濟艙的座位，椅距與寬度都不負 SkyTrax 最佳經濟艙的評價。
**2** 長程線經濟艙在抵達目的地前還有 Air MOS 的摩斯漢堡可吃。

兩年拿下SKYTRAX「全球最佳經濟艙座椅」的寶座，別家航司波音787的經濟艙大多採3-3-3的配置，1排塞9個座位，日航2-4-2的設計1排8個座位，就算是更大機型的波音777，別家航空都1排塞10個座位的3-4-3，日航堅持採3-4-2，要讓2人、3人、或4人出遊的旅客，都能在座位的選擇上各得其所，增加的空間加上座椅薄型化設計，日航的經濟艙比其他航司前後椅距多10公分、左右寬多5公分，如果這不是日式貼心的極致服務，什麼才是!?

日航的機上餐食也是一大特色，經濟艙可以吃到東京名店「贊否兩論」主廚、銀座貴婦餐廳「資生堂」主廚、日本廚藝大賽RED-35得獎者設計的菜單，每15天換一次菜色，北美線抵達前2小時再加吃摩斯起司照燒牛肉漢堡，台日段運氣好還可以吃到鰻魚飯，日航經濟艙的好吃經得起考驗。

座位大餐好吃需求哩數低，淡季只要45,000哩，就算在旺季也僅需55,000哩，就能換1張由東京中轉到美國的日航自家航班來回機票。商務艙比全日空略高要110,000哩。160,000哩的頭等艙可以在3萬英呎高空吃和牛與米其林三星料理，不過，日航頭等艙雖然是所有航空迷「一生懸命」的夢幻標的，想體驗卻有比日航計畫更划算的換法，細心的讀者前面看過我提到「阿拉斯加航空哩程計畫」，會在後面的心法中專文介紹。

## 北美可7次中停省下內陸段機票

　　前面提到日航與全日的的哩程計畫相似度很高，其中最大的共通點是兌換自家機票採「區域制」，但日航有個規則全日空遠遠比不上，1張來回機票允許中停7次，加上出發地與目的地各1次，只要熟悉規則，1張票可以開出8個航段7個停點，堪稱傲視全球常旅客計畫的亮點。（這是在笑我假期太少嗎……）

　　所以如果你計畫到美國旅遊多個地點，我會建議兌換到北美的後段搭配寰宇一家夥伴美國航空（美國最大，也是全世界最大的航空公司），日航＋美航在美國幾乎沒有地方到不了，加上美國內陸段機票著實不便宜，利用1張哩程機票台美來回＋美國多段內陸行程，更能創造哩程最大價值。

　　我們以熱門的美西航線示範，從台北松山（TSA）到東京羽田（HND）、東京羽田（HND）到舊金山（SFO）、舊金山（SFO）到拉斯維加斯（LAS）、拉斯維加斯（LAS）到洛杉磯（LAX）、洛杉磯（LAX）到東京成田（NRT），最後再從東京成田（NRT）回到台北桃園（TPE），總距離13,921英哩，全程搭乘日航與美國航空，經濟艙70,000哩，這張票如果真金白銀買得4萬台幣以上，哩數也算物盡其用。

# 心法 21
# 日航「單一夥伴航空獎勵機票」，
# 50,000哩換90,000元北歐機票！

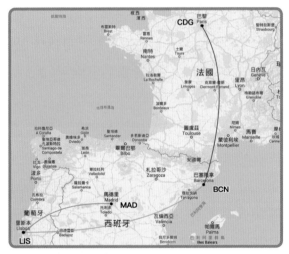

★巴黎-巴賽隆納-里斯本-馬德里／CDG-BCN-LIS-MAD

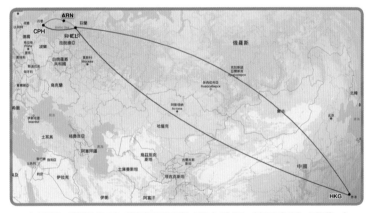

★香港-赫爾辛基-斯德哥爾摩-哥本哈根-赫爾辛基-香港／
HKG-HEL-ARN-CPH-HEL-HKG

日航長程線的另一個選擇是飛歐洲，除淡季自家航班需要55,000哩換經濟艙來回，日航哩程計畫歐洲的亮點反而不在兌換自家航班，如前述，日航有許多非聯盟的夥伴航司，除了寰宇一家外，還有換到天合聯盟的法國航空，這點亞洲萬里通就做不到了。

## 歐洲內陸段西葡飛3段省一半

歐洲線寰宇一家有英國航空、芬蘭航空、西班牙伊比利亞航空與俄羅斯S7航空，在中東有約旦皇家航空與卡達航空，我們先來看同聯盟歐洲內陸段日航哩程的心法。你會問，RK你之前不是建議歐洲內陸段買廉價航空比較划算？是沒錯，但有個例外，歐洲廉航機票都是不含行李額度，如果你出門一定兩大件行李，哩程換票會比買廉航＋行李費用划算。

幾個例子，如果你今天用亞洲萬里通換國泰航空，台北經香港飛英國倫敦、回程從西班牙馬德里經香港回台的歐洲開口來回經濟艙，實際飛行總計13,537英哩，亞萬只需42,000哩，但如何從倫敦到巴賽隆納、馬德里、葡萄牙里斯本這些南歐景點？這時就有些減省的小技巧了。

首先，請不要從倫敦離境，就算廉價航空，稅金加一加也不便宜，寧可從倫敦搭歐洲之星到巴黎，只要提前一個月買，歐洲之星輕易就能買到50歐元的車票，從倫敦市區到

巴黎市區非常方便，還多玩一個城市。接著，請用日航哩程開一張「單一夥伴航空獎勵機票」，這代表整張機票只能換特定航空公司，且採用哩程計算。選擇西班牙伊比利航空，可從巴黎（CDG）到巴賽隆納（BCN）、接著飛到葡萄牙里斯本（LIS）、最後回到西班牙馬德里（MAD），這樣3段航程現行20,000哩，2018年11月20日改制後只要15,000哩，足足比亞洲萬里通的30,000哩便宜一半，這麼省，不開好嗎？

## 遊北歐3國換芬蘭航空CP值爆棚

「單一夥伴航空獎勵機票」規則真的很好用，尤其是用在歐洲多國深度旅行上，如果你想玩北歐三國：瑞典、芬蘭與丹麥，利用寰宇一家芬蘭航空的航線，選擇以日航兌換全程芬蘭航空，從香港直飛芬蘭首都赫爾辛基（HEL）體驗正宗芬蘭浴，接著到瑞典斯德科爾摩（ARN）買 IKEA（家具是要怎麼搬回來？），再到丹麥哥本哈根（CPH）看小美人魚與樂高樂園，最後飛回芬蘭赫爾辛基轉機回香港，實際飛行哩程是10,864英哩，經濟艙只要50,000哩的日航哩數即可兌換，相形之下，亞洲萬里通要90,000哩，真金白銀買台幣約9萬元，每哩兌換價值來到爆棚的1.8元，這可不只是省一點點而已了。

身為飛客，我對北歐最深的印象是，芬蘭航空竟然在赫爾辛基的主場貴賓室中蓋間芬蘭桑拿浴（日本人在機場有溫泉浴

場的概念），而且歐洲人都是男女混浴，進桑拿時看到另一位裸體的歐洲女乘客，頓時還以為自己走錯地方了（羞遮），如果你透過日航拿到高階的寰宇一家藍寶石與綠寶石會籍（請參看心法23），就能在商務艙或頭等艙貴賓室體驗混浴桑拿。小提醒，台港段自行購票或換票即可，但建議飛國泰、港龍航空，因屬同一聯盟，芬蘭航空可將行李從北歐直掛回台北，不用再入境香港。

## 用日航換法航順遊威尼斯的激省換法

除了寰宇一家，單一夥伴航空獎勵機票還可以用在非聯盟夥伴航司，像是近期開航的法國航空，從台北直飛巴黎也能用日航兌換，不論是換單純的巴黎（CDG）往返台北直飛，還是到巴黎後轉去威尼斯（VNC），搭高鐵到佛羅倫斯（FLR），再搭機回到巴黎直飛回台北，都只要 55,000哩的日航哩程（真的比同為天合聯盟的小花好太多），若以實際票價來看，台北巴黎威尼斯、佛羅倫斯巴黎台北的機票，也得要45,000台幣，值得兌換。

看到這裡你應該能夠理解，為何我願意把所有飛寰宇一家的哩程，全部都放到日航的哩程計畫中，日航對自家會員實在很好，但台灣的聯名卡合作夥伴新光銀行，沒有善用日航會員規則的一手好牌，短期看來日航也沒有更換聯名卡銀

行的打算，就算日航的計畫再好，若你的哩數來源全都靠信用卡，我想全日空聯名卡仍是在台灣蒐集日籍航空哩程數的唯一選擇。

1.2 用日航哩數換芬蘭航空的北歐遊CP值超高，芬蘭航空的經濟艙不論是北歐風的簡約設計與實際搭乘的空間，都有不錯的表現，如果搭商務艙或有寰宇一家高卡，可別錯過在機場洗芬蘭浴的特殊體驗啊。

# 寰宇一家日航南美環球票亮點

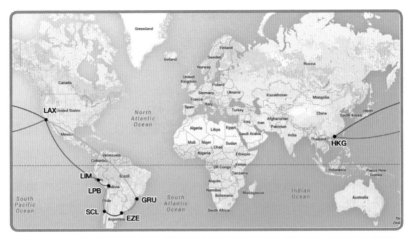

★香港-洛杉磯-聖保羅-布宜諾斯艾利斯-聖地牙哥-拉巴斯-利馬-洛杉磯-香港／HKG-LAX-GRU-EZE-SCL-LPB-LIM-LAX-HKG

　　前面講過全日空超值的哩程環球票，是的，在一般的情況下，我會推薦環球票選全日空就對了，如果你是亞洲萬里通的鐵粉，雖然CP值不如全日空，還是可以用亞萬開寰宇一家的環球票，但有一個特例的狀況，如果你的夢幻旅遊是想用環球票玩遍南美洲，用日航開南美環球票絕對是優選。

（至於被大家暱稱的鳥合聯盟……，咱們就先放一邊去吧）

## 南美洲圓夢首選寰宇一家

寰宇一家聯盟的航司雖然不多，但大多各具特色且航司的素質較為整齊，亞洲的日航、國泰，中東三雄之一的卡達航空，歐洲的芬蘭航空、英航與西班牙航空，大洋洲的澳洲航空，都是優質航司，但跟這則心法最有關係的是聯盟成員南美航空（LATAM Airlines），在整個南美洲幾近獨佔的航線網路，想換哩程票到南美洲來一趟多國旅行，這是最方便也最減省的選擇。

南美洲近幾年成為台灣人的夢幻旅遊地，尤其在冰島被玩爛了之後，能夠在馬丘比丘的天空之城打張卡才真正是牛！如果還能順道搭船到南極、看看伊瓜蘇瀑布與亞馬遜叢林，順帶到布宜諾斯艾利斯吃牛排、聖保羅喝咖啡，這樣打卡行程簡直是解成就的最高境界啊！

先別流口水，來思考實際的問題，機票要怎麼換。從台灣飛南美洲距離非常遠，飛行＋轉機動輒30小時，所以機票價格也非常貴，一趟來回經濟艙10萬台幣的票價都算正常，這時兌換哩程機票就能有效創造最高CP值，把省下的經費花在旅途上。

日航或亞洲萬里通都能換出南美環球票，日航勝在可換到8個航段，亞洲萬里通只能換到5個航段外加2個開口，但兌換哩數日航來回經濟艙需140,000哩，亞洲萬里通則只

要130,000哩，兩家規則中有一些開口與中停的計算細節不同，到底該如何選擇？直接講結論，如果你想在南美洲一個城市接一個城市飛，日航雖多10,000哩，但航段多可停最多城市。亞萬則是可設2個開口不計入航段內，如果有A地進B地出的需求，願意自費購買銜接機票，也是好選擇。再次重申，沒有完美的哩程計畫，只有換到手的機票才是真的。

## 從香港出發飛省下航段飛長程

　　若我們把巴西、阿根廷、智利、玻利維亞以及秘魯設為南美必訪5國，按此目標來找行程。由於日航的環球機票只能有8個航段，為了把珍貴的航段盡量用在往返南美洲上，環球票起點建議設置在香港而不是台北，從香港（HKG）到洛杉磯（LAX）轉機搭LATAM南美航空到巴西聖保羅（GRU），這樣算兩個航段，如果你把台北當成出發地，不論從香港（國泰）或東京（日航）到洛杉磯再轉機，都會算成3個航段，實在太不划算了。至於台港來回？用亞洲萬里通15,000點、小花小綠的哩程換，甚至自費買台港機票都划算。

　　聖保羅是巴西首都，如果假期夠長，我推薦大家自費購買聖保羅到里約熱內盧（GIG）的機票，不論是麵包山、耶穌像以及科巴卡巴那海灘，都稱得上我人生最美好的旅行回憶之一！從里約熱內盧轉飛去看世界三大瀑布之一的伊瓜蘇

瀑布（IGU）也頗超值，但須留意票價浮動大，建議要提前購買，從伊瓜蘇直接飛回聖保羅接續後段環球票行程即可。

巴西聖保羅飛到阿根廷的布宜諾斯艾利斯（EZE）大概需要3個小時的航程，布宜諾斯艾利斯有著南美洲小巴黎之名，街景很美，但這座城市的著名景點竟然是貴族墓園！《阿根廷別為我哭泣》的艾維塔墓自然出名，其中有一對「怨偶之墓」非常有趣，據說這對貴族中的太太花費無度，導致夫妻關係不睦，兩人分別離世後雖葬在一起，但頭像卻背對背豎立，成了墓園中特別的景觀。

## 南極、復活節島與天空之鏡的銜接選擇

有許多旅人到阿根廷的目的其實是南極，因為阿根廷最南端：烏蘇懷亞（Ushuaia）有通往南極船班，只在每年的10月底到隔年3月中，每艘船也只能有100人登陸南極，11月至2月是南極觀光的高峰期，船票非常貴，小資們可以考慮2月後再來南極打卡省點旅費，缺點是2月後企鵝較少。

回到布宜諾斯艾利斯，當地的機場有個非常繞口的名稱：「埃塞薩皮斯塔里尼部長國際機場」，作為南美洲的重點機場，美國運通在機場內設有Centurion Lounge百夫長貴賓室，手上有美國運通簽帳白金卡的假小資，可在貴賓室吃到阿根廷著名的烤牛肉。

1.2 圖為南美航空 LATAM 巴西
里約熱內盧的機場貴賓室。
3 聖保羅機場內的餐廳品質意
外的非常良好。

下一站是智利的聖地亞哥（SCL），被稱為南美洲的小歐洲，城市之美不在話下，而且聖地亞哥跟台灣還有點小淵源，西班牙人在台灣東北角登陸時，也把登陸地稱為聖地亞哥，就是現在的三貂角……，話題扯遠了，背包客到智利大多是為了有摩艾像（Moai）的復活節島（沒錯，就是在好市多也有賣的石頭像），從聖地牙哥到復活節島（SCL-IPC）只有南美航空有飛，雖然得花上8,000～10,000台幣買來回機票，但人都到智利了，不去復活節島豈不白來了？（大誤）

接著往北飛到玻利維亞首都拉巴斯（LPB），人稱南美洲的西藏（大家真的很愛幫南美洲的城市取別名），是世界最高的首都，打卡亮點是烏尤尼鹽湖（a.k.a. 天空之鏡），有水的時候超美，很像一枚鏡子，最好是夏天雨季去（南北半球顛倒，夏天是12月至3月）。從拉巴斯搭機到烏尤尼機場（UYU）的票價不便宜，但還是那句老話，不看天空之鏡幹嘛來玻利維亞？小提醒，從拉巴斯起飛建議選擇白天的航班並選右側靠窗位，可以空中俯瞰鹽湖全景，超美！

## 從巴西到阿根廷可搭到5星卡達航空

看完天空之鏡下一站是天空之城，飛到秘魯的利馬（LIM）搭機到庫斯科機場（CUZ），這是離馬丘比丘最近的機場，不過從機場到馬丘比丘還得要一段距離，到機場只完成

了10%的路程而已……，接下來搭火車到山下的熱水鎮過夜，早上排隊上巴士，請盡量避開馬丘比丘每年5月到10月的雨季，三轉四轉五轉花2天到天空之城碰到下雨，心情有多阿雜可想而知。

相信走完這些壯遊景點，你只想趕快回到台灣洗熱水澡吃小籠包，最後我們從秘魯利馬（LIM）飛到美國洛杉磯（LAX），再搭國泰航空到香港（HKG），轉機回台北（TPE）。雖然長程機票可用哩程兌換，但耗費的天數、自購段機票與簽證費用都得一併考量，秘魯跟智利現在台灣護照免簽，玻利維亞則是備好旅遊行程與飯店預訂單就可以30日落地簽，需要額外申請的是阿根廷與巴西，這兩國的簽證費用不低且需求文件較多，行前得花點時間辦理。

最後提醒一下航空公司與機材的選擇：香港飛洛杉磯有國泰航空或美國航空，建議選國泰，經濟艙座椅椅距有32英吋，比起美航多1英吋（經濟艙吋吋皆珍貴啊），餐食也較合台灣人口味。洛杉磯（LAX）到巴西聖保羅（GRU）選搭美國航空，巴西聖保羅到阿根廷布宜諾斯艾利斯，可選南美航空或卡達航空的班機，當然優選5星級航空卡達的波音777大飛機舒服。至於其他航線都只能搭LATAM南美航空了，區域線不用奢求，基本上就是會飛的巴士而已。

# 23 到底值不值得為了日航JGC卡而飛？

接下來是一堂數學課，請大家先把計算機拿出來。

我很喜歡搭日本航空的跨太平洋航班，日航的櫻花貴賓室（Sakura Lounge）比全日空精緻且餐點美味，必吃的「牛肉咖哩飯」比餐廳還好吃。日航也擅長推出各種創意企劃，讓航空迷趨之若鶩，像是高卡會員才能預定購買的「森伊藏」清酒（日本國內可是搶破頭），也因此許多人視持有日航JGC卡為解成就的目標。

什麼是JGC？全稱是JAL Global Club日本航空環球俱樂部，與其他航空公司常旅客計畫不同之處，JGC獨立於日航FLY ON會員之外，有點像國泰航空馬可波羅會之於亞洲萬里通的關係（請參看心法4），得到JGC會員等同於寰宇一家藍寶石會籍，可以搭經濟艙用聯盟航司的商務艙貴賓室，專屬櫃檯、優先登機與行李，待遇跟一般航空公司的金卡會員大致相同。

## 長期持有成本最低的航空公司高卡

　　我自己是JGC會員，但不認為為了航空公司提供的種種優惠去瘋狂飛行是值得的（航空迷把為了累積點數而飛稱之為Mileage Run，簡稱MR），若將持有會員卡的虛榮尊榮感忽略不計，從數字上看，除非1年有7趟以上的飛行才勉強回本，大多數人都不需要拿這張卡。

　　既然如此，為何網路上那麼多「JGC修行」的研究文章，教大家花錢去飛出一張會員卡？這是因為相較於其他航空公司的高階會員卡，JGC的「持有成本」最低。何解？我們前面說過，常旅客計畫最早的設計概念，就是為了獎勵不斷重複搭乘的忠誠顧客，也因此，航司會為持有會籍設下門檻，拿到金卡不代表終身持有，大多只能維持2到3年，之後就得歸零重新計算，而日航JGC就算隔年沒有飛到標準，一年扣5,000哩就能繼續持有，一旦取得幾乎可終身持有。

　　表面上每年會收5,000哩作為年費，不過每年搭一次日航班機會送會員3,000哩（不論長短程），實際年費只要2,000哩，以永旺金卡在會員日刷卡，只需刷4萬元就能回饋到足夠的點數，每年飛一趟＋信用卡日常消費即可無痛持有。至於如何取得JGC會員的規則，網路上有非常多的修行文章，像是在JGC修行領域非常知名的D3大大，大家一查便知，我就不獻醜了。

回到正題，簡單說JGC會籍就是一張機場的免費飯卡，讓你在機場吃吃喝喝（還能攜伴一人一起吃！）、搭經濟艙遇到航司超賣有機會升等、遇到暴風雪可以優先候補順利回家、優先登機好佔行李櫃、優先報到櫃台不用排隊托運行李與拿登機證、搭經濟艙行李可到32公斤、在特定的機場有優先安檢通道（例如東京羽田）、抵達時行李能優先提領等等。

## 仔細精算：JGC修行前多三思

享受這些待遇需要多少成本？大多數JGC修行者多是利用日航的外國人特惠票（Japan Explorer Pass），藉由每一段只需10,800日圓（約台幣2,900元）從東京羽田飛到沖繩，再從沖繩飛回羽田，每天飛4班，日本國內線積分2倍計算，一天大概就有9,640的積分，連續飛個5天，加上台日段就能獲得50,000哩的入會門檻，機票的花費約台幣7萬左右，羽田機場內有膠囊旅館，住5個晚上約台幣14,000元，粗估花費約84,000元左右，扣除掉25,000哩等值約台幣10,500元，取得成本約台幣69,000元。

以69,000元的成本來算，加上每年維持會員的成本（一張機票＋2,000哩）約9,200元，若2年攤提，平均每年成本39,100元。用一次貴賓室市價約台幣800，就算每次都攜伴使用，每次來回頂多價值3,200元，1年要飛13趟來回才會

回本。再厲害一點，托運行李每次都32公斤裝到滿，平均下來1年也得飛7趟才夠本。簡單說，短期持有成本很高，要長期持有才能攤平成本。

　　我認為任何一張常旅客高卡的評估，不外乎是「需要」或「想要」，如果1年出國不到7趟，也不常跑日本，很多高階信用卡都有送Priority Pass新貴通卡或龍騰卡，刷卡買票使用貴賓室零成本，專程為了高卡而飛當然是「不需要」。另外，出國必搭商務艙、頭等艙，且對日航沒有特殊愛好的大老闆們，只要搭兩艙就是航空公司的貴賓，對您來說時間就是金錢，也不須浪費。

　　至於「想要」的，歡迎加入JGC的大家庭，下回我們櫻花貴賓室見！

1.2 日航櫻花貴賓室餐食雙寶：握壽司與咖哩飯，真的都豪好吃啊！

3 是的，這就讓你具有寰宇一家綠寶會員身份，可在頭等艙貴賓室吃現點現做的牛排與壽司，讓許多台灣人拼了命也要飛的JGC鑽石卡。

# 24 換哩程機票最快速成篇：買點指南

　　是的，航空公司不只賣機票，也有賣哩程，有些航司甚至賣哩程賣到變成主業了。同樣直接講結論，只有在兩種情況下適合買哩：一、每哩購買價格很低、兌換價值很高。二、手上有快過期的哩程，放棄可惜，補一點就可以兌換機票的時候。

　　先講後者，這是許多持有長榮華航點數者的困擾，不多不少的1萬多點，擺3年到期後一點價值都沒有，雖然跟航空公司直接買最貴，但最快、最無腦，且隨買隨用。長榮、華航、國泰都能購買少量短少的哩程，但每1哩賣台幣0.9～1.1元，買越多虧越大，最簡單的評估就是跟直接買機票的價格做比較，兌換機票無法累積哩程，若跟直接買差距不大，就太不划算了。

　　有幾家航空公司經常性的販賣哩程，且可購買大額數量，也常有促銷出現像是英航、伊比利亞航空、哥倫比亞航空、美國航空、達美航空、聯合航空、阿拉斯加航空、法國

航空等，跟官網買哩程雖會貴些，但來源清楚入帳快速。除了官網外，還有像Points.com、GROUPON團購網以及TripPlus哩程網站等第三方網站，也有提供買點服務。

## 買哩程換旺季票或商務艙較為划算

通常買點的數量越多價格越好，壓低每哩的平均金額。美國聯合航空（United Airlines）曾有過官網購買哩程買2萬哩送2萬哩，總計4萬哩約賣台幣20,300元，每1哩成本約0.575元，好處是聯航哩程票不收額外的燃油附加費，飛行距離在800英哩之內都能夠以8,000哩數兌換單程經濟艙，且可兌換星空聯盟所有航班。例如台北往返沖繩的長榮航班，用聯航換成本約9,200元，旺季沖繩會有13,000元的誇張票價，這時兌換就很划算。

同為星空聯盟成員的哥倫比亞航空公司（Avianca），算是賣哩程的老面孔，促銷多選在美國的黑色星期五（每年11月），會加贈145%獎勵哩程，買20萬哩可得49萬哩，成本為台幣198,000元，每哩約0.4041元。優勢在可開單程票、且跟聯航一樣不收燃油費，官網就能開票，機票兌換大多不需打電話給客服。例如兌換長榮航空台北紐約的皇璽桂冠艙，來回要15萬哩，買哥航點數兌換成本約60,615元，上長榮官網購票價格為168,400元，若是拿來換全日空頭等艙價差更大。

美國航空（American Airlines）哩程的促銷活動則為買15萬哩送10萬哩再打9折，總計25萬哩賣台幣129,336元，每一哩約0.517元，以80,000哩兌換日航到美國任一航點單程頭等艙，加上台日以30,000哩兌換單程商務艙，總計來回22萬哩台北日本商務艙、日本美國頭等艙，成本約113,740元即可搭日航頭等艙，但紐約航線的現金價，頭等＋商務可是要30萬台幣以上！

## 短哩程之王英航買點換高價內陸段

再來是英國航空（British Airlines）的哩程促銷活動，最優惠是加贈50％，購買上限10萬哩送5萬哩，總計15萬哩索價1,800歐元（因英航集團還有西班牙伊比利亞航空、愛爾蘭航空與伏林航空，因此集團內以歐元清算，不是英鎊），台灣地址的會員帳號，結算時會以美金結帳，結匯手續費會貴很多，若能將地址改成歐洲地址會較便宜。1,800歐元大約台幣64,500元左右，每一哩價格約0.43元，拿來兌換台港線國泰、港龍經濟艙來回只要9,000哩，換日本、美國、南美洲、歐洲以及澳洲境內機票都非常划算。像是在《心法22》中提到，巴西聖保羅到伊瓜蘇瀑布，12月旺季機票單程就要台幣6,000元，用BA哩程兌換只要4,500哩（台幣1,935元），單趟就現省4,000元。

剛提到西班牙伊比利亞航空（又稱西班牙國家航空 Iberia）也屬英航集團旗下，所以彼此的哩程可以1:1轉移共用，若遇到Iberia點數促銷也能視同英航，比較常見的是與Groupon合作，通常上限是34,000哩賣429歐元（約台幣15,400元），每哩0.45元也算可以接受。要記得伊比利亞航空的會員帳號的電子郵件地址，要與英國航空會員帳號所留下資料相同，且會員帳號持有滿3個月以上再買點，以避免被誤認為假交易產生後續的麻煩。

順帶介紹現在有直飛的天合聯盟旗下法國航空（France Airlines），哩程促銷期間買一送一（加贈100%），上限可買75,000哩送75,000哩，合計15萬哩索價2,062.5歐元，約台幣73,690元，每哩約0.49元左右，法國航空跟母公司荷蘭航空共用同一個哩程計畫，目前改採「動態哩程兌換」，也就是沒有兌換表，必須到官網把航班跟日期輸入才能知道兌換哩數，僅在有兌換法荷航商務或頭等艙需求時值得購買。

## 頭等艙兌換票之王阿拉斯加航空計畫

最後要介紹前面提過的阿拉斯加航空（Alaska Airlines），這家不屬於任何聯盟卻好友滿天下的航空公司，哩程計畫可兌換日本航空、國泰航空、阿聯酋航空、大韓航空、海南航空、南美航空、冰島航空與斐濟航空等，還能單程開票，通

1.2.3 阿拉斯加哩程買來換日航頭等是最划算的選擇，硬體好是頭等艙的基本，餐食更是夢幻，身為白飯控的我，用頭等艙提供的魚子醬自製蓋飯，吃到龍吟三星套餐（現已更換），不得不說在飛機上要做到這樣的餐飲水平，著實相當困難啊。

4 相形之下日航商務艙的餐食就顯得普通許多，這也是我不推薦大家拿買來的哩數換商務艙的原因。

常1年會有2次的促銷，最高加贈50%的哩數（以會員收到的邀請函為準，通常是40%，能拿到50%的機會不多，若有真該無腦下手），以購買上限計算，買60,000哩贈30,000哩，總共9萬哩價格美金1,773.75，約台幣53,213元，每哩約0.59元。

若入手阿拉斯加航空哩程，目標請放在日航頭等艙及國泰頭等艙，日航單程從台北搭商務＋跨洋頭等艙，兌換需75,000哩，換算台幣44,250元，花真金白銀買可是要15萬元起跳啊！換國泰香港到歐洲任一航點，單程頭等艙70,000哩，堪稱是所有航空公司中最值得拿來兌換頭等艙的哩程計畫。

阿拉斯加哩程兌換每張單程票可設1次停留，利用4張單程票就能拚出超級夢幻的「環球頭等票」，第1張以日航台日段商務＋跨洋頭等75,000哩，東京停留後到洛杉磯。第2張換美國國內線，美國航空從洛杉磯到紐約（可選中停達拉斯）頭等艙25,000哩。第3張從紐約到巴黎（也能中停倫敦）用70,000哩兌換英國航空頭等艙。最後第4張以70,000哩兌換國泰航空從巴黎（或歐洲任一國泰航點）直飛香港頭等艙。頭等艙環球票只要24萬哩，總計成本約141,600元，用真金白銀買要台幣50萬。想開精省經濟艙環球票，上述行程總共11萬哩，約台幣64,900元，也非常划算。

基本上不論跟官網或有公信力的第三方網站買哩程都算

安全，比較辛苦的是查票與開票，像是阿拉斯加航空官網可以直接查詢與兌換日航機位，但國泰航空就一定得透過致電客服才能兌換。另外，哩程一旦入帳到航空公司的會員系統中就開始計算效期，若是長期性的大旅行，建議確定要換票再下手買哩，以免擺久哩程貶值平白損失。

# 心 法
# 25 台灣飛行與聯名信用卡累哩指南

偶爾才出國旅行的小資一定很感嘆：靠搭飛機累積的哩程要賺到1張機票真是太難了，航空公司經濟艙特價票大多都無法累積，運氣好頂多給實際飛行距離的25％哩程，想拿到100％累積率的經濟艙票價高得驚人，還不如買同樣100％累積，但票價相差不遠的豪華經濟艙（這也是豪經艙在全球都大行其道的原因），特價商務或頭等艙除了保證100％累積，還有再多15~100％的加成，即便如此，亞洲線距離短，若長程線不飛豪經艙以上，帳戶裡的數字真會讓初入哩程界的小資非常沮喪。

## 別為了開卡送哩而辦卡

在台灣搭機外唯一能大量賺取哩程的方法就是信用卡了，評估該辦哪張信用卡也是難題，關係到辦卡年費、信用卡公司所贈送的福利、消費換取哩程的比例，在拿出計算機敲敲打打看能賺到多少哩數之前，先搞清楚與飛客有關的兩大信用卡主流：航空公司聯名卡、以及可轉到哩程常旅客計

畫的飛行信用卡。

前面提到環球票心法時我曾告訴大家，一旦把兌換目標設定為超過50,000哩以上的長程機票，第一步就是集中火力累積到設定的哩程計畫中，不論兌換表或開票規則是好是爛，有足夠多的哩數就能換到機票，反之則否，所以聯名信用卡的選擇，就跟集中火力累積的原則密不可分。

先選定台灣銀行有發行的航空公司聯名信用卡，且能夠對應到你想累積的常旅客計畫，並參考未來2~3年的旅行計畫加以綜合評估，想好了再去辦卡累點，千萬別為了某家信用卡送的開卡哩數多一點（事實上台灣信用卡送的哩數都很小氣，比起美國來說簡直雞肋，但身在鬼島的我們就……認了吧），等到辦下來發現刷卡金額不夠，銀行送的哩數又不夠換，賠了年費又折哩！

與前面心法提到的航空公司常旅客計畫比對，台灣能申請的聯名信用卡並不多，國籍的長榮華航自然都有，其他諸如亞洲萬里通的國泰、ANA哩程計畫的全日空，外加累積條件不好的日航聯名卡，以及在台灣用起來卡卡的美國運通新航聯名卡。沒了。

## 到底高年費辦卡值不值？公式教你

辦卡前會碰到最實際的就是年費問題，航空聯名卡的頂

級卡年費都高得驚人，就算福利與開卡送哩數再多，也要評估自己是否能達到每年消費滿額的門檻，而所需的刷卡消費金額如何計算才是「賺到」？我個人有一個無腦公式提供參考，以國泰世華長榮航空極致無限卡為例：

20,000（年費）x 20（國內消費每20元1哩）＝400,000元（最低刷卡消費門檻）

我的計算公式先不包含首刷禮活動，刷卡金額能有40萬以上，基本上就能無痛養卡，若又能滿足開卡禮門檻則更划算，且高年費卡的附卡都是免費申請，福利也能套用在家人身上，付出的年費可帶來最大的價值。至於年費只要300元的國泰世華長榮航空御璽卡，所有消費皆為30元1哩，刷了40萬也只能獲得13,333哩，這哩數換不到任何機票，累積哩數的速度也太慢，就算免年費也不需考慮。

最頂級的長榮航空極致無限卡，年費要台幣20,000元，但家人附卡免費，可共同消費累積，贈送機場接送每年6次、機場停車免費、買機票折扣、機上免稅品折扣、搭長榮航空、立榮航空可用長榮航空貴賓室、專屬櫃檯報到、龍騰機場貴賓室卡免費使用、以及海外消費刷卡台幣10元就能獲得1哩。繳年費就是在買比例，評估的重點在刷卡多少換

1哩，其他餐飲折扣或飯店住宿優惠都是銀行跟業者談出來的促銷噱頭，對飛客累哩來說一點都不重要。

## 1年刷滿多少年費才賺得回來？

這時候可以拿出計算機來算成本了：把接送6次拆算每次台幣1,000元，6次回本台幣6,000元，每年要出國3次才能用好用滿，每次出國都有用貴賓室，回本4,800元，這兩塊顯而易見的福利加總10,800元，剩下的9,200元我視為花錢買較低的消費金額／哩程比率，若刷卡台幣40萬、其中外幣台幣各刷20萬，可得20,000哩+10,000哩，總計靠消費哩程約30,000哩，若以我們常旅客計畫網站每個月所發布各家哩程計畫價值評估，長榮每哩台幣0.4元，總值約12,000元，基本上能打平年費且小賺。

通常辦卡會搭配首刷禮35,000哩的活動，但也不是免費，得刷滿40萬以上才能拿到首刷禮，比上述結合國內外的刷卡回饋多出5,000哩，尤其如果消費以國內居多，且確定能刷滿40萬者，以每哩台幣0.4元算，大約可拿回14,000的價值（就是送一張亞洲線來回機票，或善用心法6換張榨汁外站票），可當成第一年免年費，刷卡超過40萬元以上每筆就能多賺哩程。

從這個例子就可以看出，年費不是重點，評估你每年的

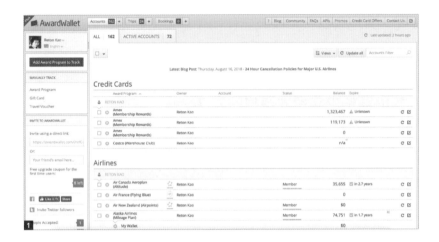

**1** 一旦開始玩哩程累積（走火入魔），手上一定會有多個常旅客帳戶，這時 AwardWallet 軟體非常好用，除了各帳戶的點數狀況一目了然外，還可設定提醒功能以免點數過期。

**2** 每一個哩程計畫都有所謂的抽屜卡，簡單說就是消費兌換哩程的比率太差，辦卡之後達到門檻拿到點數後即可放到一邊，將日常消費專攻用在較划算的卡片上。

**3** 如果你是專攻花旗寰旅的卡客，請千萬別忽略了維珍航空，香港到倫敦來回只要 25,000 哩，靠擼卡換到歐洲機票不是夢啊！

刷卡金額才是關鍵，現在信用卡綁定 Apple Pay、Android Pay虛擬支付很方便，幾十塊的東西都能刷卡，先加總一下日常消費，確定每年起碼都會刷到40萬的門檻才可申辦，反之就是年費白白給銀行賺走。

## 善用 AwardWallet 管理哩程不過期

談完年費，我想來談談聯名信用卡累哩的另一個盲點：轉點。

現今台灣市場除了中國信託的 ANA 全日空聯名卡外，其他的航空聯名卡每個月累積的哩程，會「自動」轉換到航空公司的會員哩程，意思是就會自累積起計算效期，華航、長榮、國泰、日航、全日空、新航這幾家亞洲主流航空公司，都設定哩程入帳起36個月自動過期，所以聯名卡自動轉換的哩程若3年都沒用到，很容易忘記而放到過期。

我是用 AwardWallet 這個網站來做管理與提醒，免費版就很好用，不過如果若有多個帳號（很多飛客會幫家人一起管理，或利用家族桶累積時），雖需使用月費版但費用也不貴。

中信的 ANA 聯名卡規則與其他家不同，累積的哩程會先存在信用卡中，隨時可以1:1轉到 ANA 哩程帳戶，還能換 ANA Dollar 以1:1每1哩兌換1日圓的 ANA 購票抵用金，當然兌換 ANA Dollar 並不划算，價值起碼少了一半，

但這是航空公司設計上預防哩程價格崩盤的策略，至少航空公司還願意將哩程從客戶手中買回來。不過，別以為換成ANA Dollar就不會過期，當年累積的點數會在次年12月31日自動失效，且不會另行通知。

因為上述原因，累積聯名卡哩數就會有一定的風險，常旅客計畫的遊戲規則是由航空公司制定，說變就變，貶值或給不給兌換也是航司說了算，在全球航空算是高風險產業，萬一航空公司破產，所累積的哩程自然血本無歸。也因此有些飛客專攻銀行卡，先累積可以兌換多家航空公司的信用卡點數，待需要兌換機票時再轉點到所屬常旅客帳戶，藉以分散風險。

## 三寶心法：主力卡、備用卡、抽屜卡

非聯名卡的選擇就太多了，一一介紹太花時間，想必各位讀者也沒耐性看，我直接跟大家分享自己一路飛來的用卡組合，僅供參考。

基於分散風險原則，我的皮夾裡的信用卡會有主力卡跟備用卡兩種，其中一張是航空聯名卡，一張銀行哩程卡，若可以選國際組織（例如VISA/JCB/MasterCard/美國運通），則一定要有一張VISA/MasterCard，另一可任選。不帶在身上的叫做「抽屜卡」，辦來拿權益但不消費的（理專讀者請別打我）。

選定不同常旅客計畫自然會有不同的用卡組合，若是累積華航，我會以星展銀行飛行世界卡作為主力卡，刷卡消費賺點數換哩程，搭配一張匯豐銀行中華航空免年費的白金卡，聯名卡會員可用43折哩數兌換特定航線是唯一亮點。

## 請留意，不一定高年費等級卡累積率才划算

累積長榮的組合則可從美國運通長榮航空簽帳白金卡或國泰世華長榮航空極致無限卡擇一當主力卡，根據我前面的公式，年消費不到100萬元者請不要選美國運通，一年家庭隨便刷都過百萬的假小資，美國運通消費滿100萬會送長榮航空升等券2張，起碼價值60,000元，不拿可惜。除了以上二擇一的主力卡外，可搭配花旗寰旅悠遊世界卡做為備用卡，經常使用悠遊卡繳停車費或搭捷運，花旗寰旅悠遊世界卡是市面上唯一自動加值也計算哩程的銀行（這點對小資很重要，請筆記）。

若選國泰航空累積要開的卡較多，亞洲萬里通合作的銀行非常廣，主力卡同樣選花旗寰旅悠遊世界卡（注意，不要選到年費20,000的尊尚版本，繳年費沒買到較優的累積比例並不划算）用來國內消費，再申請一張國泰世華亞洲萬里通聯名白金卡，年費588元但海外消費累積優於花旗卡，有15元1哩的優勢，但若不常在海外消費這張可以跳過不辦。最後是抽屜

卡，請申請台新銀行國泰航空免年費的鈦金卡，用來拿馬可孛羅會綠卡會籍與生日機票買一送一的福利。

　　喜歡累積新加坡航空哩程則單純多了，同樣來自新加坡的星展銀行飛行世界卡作為主力卡，再申請美國運通新加坡航空天宇聯名卡，專門用在新加坡航空官網購票2倍哩程回饋上，不過此卡雖然第一年免年費，但須達到年消費16萬元的門檻，建議手上有哩程可換、開票前再申請即可。

## 用對信用卡，25,000哩飛倫敦來回

　　日本航空累積難度較高，可以華南銀行的美饌紅利卡來當無腦主力卡，每月若刷滿11萬換算可兌換的哩程約33元1哩，搭配一張永旺金卡，在每個月5日、15日及25日刷卡，換算會有20元1哩，抽屜卡是新光銀行的日本航空聯名卡，單純用在機上購物及機場免稅商店折扣。

　　全日空用卡累積最無腦，中國信託、ANA與JCB都很重視台灣市場，在日本動輒台幣20,000元年費的極致卡，台灣年費只要8,000元，海外消費10元1哩、國內消費20元1哩，除了前面我介紹的各種累積心法外，若在官網購買機票時請切換到日本網站並以日幣計價刷卡支付，可額外每100日圓獲得1哩，而機票也將算海外消費，適用於海外消費10元1哩的回饋，等於兩頭賺。唯一的硬傷是JCB卡在台

灣不是每個地方都收，所以可選擇花旗寰旅悠遊世界卡作為備用卡。

　　最後提一下前面多次提到的花旗寰旅悠遊世界卡，除了上述的用法外，點數可以轉換到英國維珍航空哩程計畫（可不是澳洲或美國的廉價航空，而是貨真價實的正版維珍，飛客們就懂其中差異），不但能兌換全日空班機，換維珍航空香港到倫敦的來回機票經濟艙只要25,000哩，是目前亞洲前往倫敦最便宜的兌換。

# 心法 26
## 小資住宿必備的 IHG 與 Choice 酒店計畫

出國旅遊總離不開酒店選擇，我早先也是純粹從價格考量，但隨著飛行越來越頻繁，才開始講究起連鎖酒店品牌，一開始的原因不是追求高級品牌的虛榮感，純粹是為了「求償有門」，多年來我住酒店也算碰過不少鳥事，例如床單不乾淨、上一位房客留下的內衣褲、洗手台漏水、冷氣不冷，這些狀況我都碰過，如果是當地的品牌，頂多送個小禮物經理出來道歉，然後……就什麼都沒有了，還期待你下次光臨給他們改善的機會……。

國際連鎖品牌好一點，如果出問題可以要求換房，若無法調度新的房間給你，除了當晚不收費外，還會再加贈點數作為補償，旅行中出問題所產生的不快也可稍稍平復，若是出國頻率高，還可專攻一套適合自己的酒店常旅客計畫賺點數。

在哩程／點數世界，除了航空與信用卡兩大主力外，還有酒店與租車兩大產業經營常旅客計畫甚深，租車一般台灣

人使用率不高，回饋也有限，我就不再贅述，至於酒店點數累積管道雖不如航空公司來得多，但善用其規則與福利，仍有創造最大價值化的空間，這篇心法我就針對「純小資」的兩大酒店常旅客計畫：IHG與CHOICE分析介紹。

## 直接跟酒店訂房付款才能累積點數

在介紹計畫之前先講基本概念，現在訂房平台廣告做得很大，一般人出國大多會先在hotels.com、booking.com、agoda或旅行社官網查房價，但請留意，如果想累積常旅客計畫點數，或持有酒店高階會員卡享用升等、免費早餐、延遲退房等福利，就必須要在官網上預訂才行，其他第三方預定甚至航空公司機加酒都不適用，簡單說如果你不是直接付錢給酒店，對方當然也不會給你屬於會員的福利。

IHG洲際酒店集團的會員計畫是最適合小資的飯店點數起手式，IHG旗下的品牌包括洲際酒店（InterConteintal）、皇冠假日酒店（Crowne Plaza）、假日酒店系列（Holiday Inn）、英迪格（Indigo）、金普頓酒店（Kimpton）等等，現又新增了台灣人熟悉的麗晶酒店（Regent），選擇IHG很實際的原因是因為便宜，假日、英迪格都不貴，而且密度遍及全球，喜歡日本玩的小資還有全日空假日或皇冠酒店可以累積，到物價高的城市如巴黎、舊金山，智選假日酒店（Holiday Inn

Express）房價包含早餐，幾天下來可省下不少錢。

　　預算型旅遊（尤其是我一個人出遊）在選擇酒店住宿時，我只會考慮：房價、地點、早餐，至於升等、延遲退房那些浮雲都是可有可無，若待在房裡的時間只有睡覺，升等到大空間反而冷清，延遲退房也要看班機時間是否搭配，所以便宜方便才是王道。

## 花4,200元賺15,000元的先行者活動

　　IHG Rewards會員可免費加入，比起其他連鎖酒店計畫好的地方是，IHG每3個月推出的季節性會員活動「先行者」可是毫不手軟的點數大放送，活動通常會給5~6個不同的任務，難易度各有不同，有時是住宿有時是用餐，甚至連下載IHG App也給點，點數幾千幾千的入帳，非常有成就感。

　　我之前為了達成任務，去桃園智選假日酒店住宿2晚，成功解任務換到5萬多點，每晚台幣2,100元，總共也才4,200元，但我拿50,000點去換倫敦Park Lane洲際酒店每晚價值15,000元的房間，等於現賺1萬多元，這種活動不好好利用實在可惜。

　　IHG Rewards的另一特色是有「低價點數兌換房晚」的Pointbreak活動，累積到的點數可以迅速換房，5,000點就能換，不用像許多酒店計畫累積到天荒地老還換不到房，在

推出Pointbreak活動時，IHG會列出可用優惠點數兌換的飯店，若是有天數較長的歐美旅行，用先行者活動賺來的50,000～70,000點就足以兌換10幾晚，對於節省住宿費非常有幫助。

在日本，洲際酒店集團與全日空合作，所以如果有中國信託ANA聯名卡到IHG日本官網預訂會員專屬方案，有免

這家地點絕佳，在網路上訂超過15,000元台幣的倫敦Park Lane洲際酒店，巧妙運用IHG先行者挑戰，成本只要4,200元。

費的飲料招待以及持卡人免費早餐，算是少數有國際酒店集團福利的台灣信用卡。IHG雖然在兌換上非常友善，但高階會員的福利就不如萬豪、君悅等品牌的會員計畫，在升等、免費早餐或延遲退房上完全要看各家酒店的狀況，這點算是硬傷。

## 每點價值在0.25元以上就值得兌換

除了靠活動刷房累點，IHG Rewards也提供賣點，最佳促銷時會有100%回饋，點數買一送一，約台幣31,000元買到20萬點，兌換5,000點的住房可兌到40晚，好一點的酒店，像是高雄英迪格在Pointbreak活動期間，每晚是15,000點，相當於可換13晚住宿。IHG的兌換有另一個好處：沒有Blackout Date，意思是365天都能兌換，特定節日不會限制，而且兌換表格很單純，就算是集團內最貴的洲際酒店，上限就是70,000點一口價，簡單說，你若利用促銷期買下大量點數，聖誕節、跨年、暑假；便宜或貴的酒店都能換。

假設我們用台幣62,000元買了2組20萬點，總計有40萬點，CP值最高的使用法就是拿來換最夢幻的旅遊地點：位於大溪地的Bora Bora洲際酒店度假村，最便宜每晚房價台幣18,000元起跳，用點數兌換70,000點相當於台幣10,850元，住一晚省7,000元台幣。評估是否值得用點數兌換，可

自行用房價÷點數計算每點價值，若在0.25元以上就很值得兌換，像是某些機場的假日酒店因佔地利之便房價貴得驚人，若為了轉機必須就近住宿一晚，用點數換非常划算。

高CP值的兌換還有4大洲際酒店：倫敦Park Lane洲際酒店、巴黎歌劇院洲際酒店、紐約時代廣場洲際酒店以及香港洲際酒店（即將更名回香港麗晶酒店），這4家算是洲際酒店的品牌旗艦店，地點也是精華中的精華，想在紐約的時代廣場跨年？真金白銀的房價會嚇死人，用點數兌換可以讓你在寒冷的紐約冬夜裡跨完年，走路幾分鐘就回到酒店。不過IHG Rewards雖然兌換簡單，但全球會員人數眾多，熱門日期兌換得盡早安排，另外，大溪地、舊金山、沖繩以及阿姆斯特丹的洲際酒店也都值得兌換。

同場加映台灣人不熟悉的Choice精選酒店集團，若遇到促銷加贈40%以上點數時可考慮購買，約16,000元可買到70,000點，亮點在於日本旅遊的兌換使用，Choice酒店Comfort系列在日本的東京、大阪、福岡、北海道等地都有據點，甚至東京迪士尼附近也開了一家東京灣Comfort Suite，每晚只要8,000點起，算下來竟然不到台幣1,900元，而且還含早餐！這可是寸土寸金的東京啊！除了日本，Choice在澳洲、紐西蘭的高價房值得兌換。

## 不需會員：小資首選免費早餐連鎖品牌

在北美，我非常喜歡萬豪酒店旗下的 Residence Inn，屬於集團內的「長住型酒店 Extended Stay」，提供鬆餅機可自行製作美式鬆餅，房間內有微波爐及爆米花，備有洗衣機與烘乾機，部分酒店內還有小型便利商店，販售零食、飲料甚至感冒藥等生活用品，對於在北美交通不便利且旅遊天數長的地區非常實用。

提供同樣配備的 Extened Stay 酒店品牌還包括：萬豪的 TownePlace Suites、Element；凱悅的 Hyatt House；希爾頓的 Home2 Suites、Homewood Suites；以及 IHG 洲際酒店集團的 Staybridge Suites 與 Candlewood Suites，建議挑選時查一下飯店圖片，有些酒店可能比較久沒有翻新，我個人判斷標準像是大廳吊燈款式很舊，用的是日光燈、吸頂燈或古典水晶燈，就代表很久沒有翻新過，可避開選擇較新的飯店。

除了北美之外，其他有附贈早餐的飯店品牌：萬豪集團的 SpringHill Suites、Fairfield Inn & Suites；IHG 洲際集團的 Holiday Inn Express 智選假日酒店、凱悅集團的 Hyatt House、Hyatt Place；希爾頓集團的 Hampton Inn、Embassy Suites 與 Canopy by Hilton。上述所有提到的品牌大部分都有提供免費早餐。

# 27 住房賺哩程：
## 酒店點數與航空哩程的交互應用技法

　　如果出國就是想住各種不同的酒店，就無法累積點數了嗎？請不要讓真金白銀所產生的點數價值放水流，有些第三方平台會提供返利回饋到指定的航空哩程計畫，只要訂房時多留點心，就能住飯店順便賺哩程。

### 第三方哩程訂房回饋集少成多

　　我自己就不是每次出國都會住有常旅客計畫的連鎖酒店，像是在日本京都，要體驗日本傳統的和式旅館，我會去Rocketmiles、Kaligo或是ANA全球酒店（ANA Global Hotels）網站進行預定，這些網站回饋的不是訂房網的點數，而是航空公司哩程，若你選擇住宿非品牌連鎖酒店，或者該酒店的會員計畫就算累積了點數也很難用（例如日本的APA酒店會員、Okura大倉日航酒店會員……等等），我就會用第三方哩程回饋訂房網來預訂，無魚蝦也好，哩程就是集少成多。

　　第三方訂房網站中的Agoda有個亮點，讓這家訂房網站

成為便宜買航空公司哩程的利器，Agoda的回饋方式除了自家的點數外，還能選擇華航華夏會員、亞洲萬里通……等多家航空公司常旅客計畫（其中甚至有短哩程之王的英國航空！），除了訂房回饋外，常常推出PointMAX的活動，例如購買福容飯店的亞洲萬里通PointMAX套裝，可以19萬元台幣拿到回饋的43萬多哩，若再加上刷卡回饋的哩程，每哩價值大約在台幣0.4元左右，根本是掛著羊頭賣狗肉、賣哩程送一晚住宿的概念。

拿到43萬哩的點數怎麼換？前面的心法有很多，南美洲環球票可以換3張還有剩，跟環球票的票價相比，用19萬元買點數還是比真金白銀買機票省得多。

## 住Airbnb賺全日空哩數

想要住當地特色的民宿或旅館、像是在歐洲想住古堡，我會使用Airbnb較有保障，Airbnb也可以累積哩程，有合作的航空公司夥伴像是Delta達美航空、ANA全日空以及Qantas澳洲航空（剛好3家分屬3大聯盟），必須要透過航空公司的活動頁面，先登入航空公司會員，再透過專屬連結，還要在瀏覽器中的「同一個視窗」完成預定，航空公司才能追蹤到Airbnb的預定進而回饋哩程（好麻煩，但為了哩數我認了），由於澳洲航空哩程累積來真不知能幹嘛，優選自然是累

積到全日空，不玩全日空的讀者就無腦累積在終身不會過期的達美航空，等有機會搭小花出國時再慢慢累加。

若住到萬豪酒店可以用萬豪點數（Marriott Rewards）兌換航空哩程，但甜蜜點在累積到相當點數時兌換，例如每6萬點可兌換指定航空公司25,000哩的哩程，包含亞洲萬里通、全日空、日本航空、新加坡航空……等等。還有小技巧提供，在酒店餐廳用餐的消費無法單獨累積點數，唯一的解方是住宿時把餐廳的帳單掛在房間底下，最後跟著酒店住宿結帳，就能把餐飲消費的點數一起累積。

補充一點，若是選擇在酒店官方網站訂房，選擇累積計畫時通常可選擇要酒店點數還是航空哩程，這時請千萬選擇酒店點數，因為直接給的航空哩程數跟酒店點數相比，一點都不划算，道理很簡單，因為酒店點數是自家的，給起來大方，航空哩程可是酒店得花錢去跟航空公司買，屬於外加的成本，羊毛出在羊身上啊。

1 可以賺哩數的第三方平台中，Rocketmiles
算是最老資格的一家，送點也非常大方。
2 Airbnb也可賺全日空哩數，但切記一定要從全
日空的專屬頁面進去訂房，哩數才能順利入帳。

# 該為了挑戰酒店常旅客高階會籍花錢住房嗎？

　　就如同我在《心法23》中所提到，該不該拿張高階會員卡不外乎是因為「想要」或「需要」，但與航空高卡比較起來，拿飯店高卡因居住地就有飯店可選，時間、成本都比航空高卡要簡省，花幾個晚上最低可能不到2萬元台幣，就能拿到最高等級會員，享受升等套房、免費早餐與行政酒廊點心等實質福利。

　　網路上可以找到這種「SPG 一夜升金」、「萬豪白金挑戰」、「希爾頓金卡挑戰」或是「凱悅環球客挑戰」等文章，這些挑戰的活動期間不定且規則隨時在變，攻略我就不贅述了，我想跟各位分享的是到底值不值得花錢刷房拿卡，哪些會員卡值得拿。

## 直接攻頂升等套房2次就回本

　　首先，我會建議既然要挑戰，目標就放在拿最高等級會員，各家的高卡挑戰當中以凱悅及希爾頓挑戰拿到高卡後的

會員福利是最容易回本的，以凱悅的高房價，拿到最高級的Globalist會員（雖然上面還有一個Lifetime Globalist，但那實在是太難了），光升等套房巨大的價差，只要2次就賺回挑戰的成本了。

　　至於希爾頓的重點不在升等，而是早餐與行政酒廊的下午茶、Happy Hour酒類飲料暢飲與點心，在某些城市提供的點心可是正餐等級（可以吃飽，若是在歐洲某些高物價城市等於省下一餐），就先不論高階會員點數還可加成，光升等跟包早餐就已經CP值爆錶！

　　挑戰會員產生的點數怎麼用？前面我講過用IHG點數換大溪地Bora Bora高價房，同樣的凱悅跟希爾頓有頂級品牌Park Hyatt跟Conrad可以換，像是馬爾地夫Park Hyatt每晚僅需25,000點的凱悅點數（價值13,750元），但房價可是高達台幣3萬元！馬爾地夫Conrad度假村更不用說，不但有海底餐廳還打造了海底套房！旺季95,000點的希爾頓點數（價值17,000元）兌換每晚台幣35,000元的Villa水上屋，還能加價升等到海底套房，簡直是蜜月首選！

　　點數需求較少的也有，泰國蘇美島Conrad度假村，希爾頓淡季70,000點即可兌換，距離台灣近機票也不貴（如果你有用心看前面航空心法，曼谷航空也是可以用哩程換到的），擁有無邊際泳池的私人Villa，絕對是奢華旅遊的入門體驗！

　　在選擇累積飯店常旅客計畫，我會選據點涵蓋較多（各

國主要城市至少有2家以上）、集團內品牌價格涵蓋度廣（要便宜有便宜、要高價有高價），我自己是以IHG洲際酒店集團為主、Marriott萬豪酒店集團為輔，自己出國玩選IHG旗下飯店，與家人出遊或出差有預算則住Marriott萬豪旗下品牌。

## IHG為主 Marriott為輔的累點策略

　　IHG計畫對小資的重要性前面有完整交代，兩者比較起來，萬豪在網站架構與維護上比起洲際要來的完整，尤其萬豪的手機App有即時傳訊的功能，如同使用LINE一般，可在入住前就把需求跟問題傳給客服，酒店會根據收到的需求提前做好準備，甚至表達想要升等的想法，也會盡可能的滿足，這一點就是IHG仍遠遠不及，還是要透過 Email 或是電話往返溝通。

　　萬豪酒店集團會員（Marriott Rewards）時常推出「新會員住2次送1晚」的活動，可在推出此活動時進行會員註冊（只有新會員才有的福利），萬豪點數的好用之處在於，1次兌換5晚，只需扣除4晚的點數，等於第5晚是多送的。酒店等級（Category）分類較低，例如Category 1-3之間，用點數兌換都會比現金訂房還要來得划算許多。

　　在航空哩程常用的信用卡轉分到哩程的方式，並不適用在酒店常旅客上，因為大部分的轉換比率都不划算，唯獨是利用

持有高階信用卡來配對挑戰某一酒店的高階會員，更方便的像是美國運通簽帳白金卡可以直接獲得希爾頓金卡、IHG洲際酒店白金卡、香格里拉翡翠卡，完全無腦升金，且與其他信用卡、旅行社或第三方訂房平台不同，透過美國運通的「FHR全球豪華酒店及度假村住宿優惠」，飯店的常旅客計畫會給點數也能累積會員晉升，但該不該為了這些福利去付簽帳白金卡的高額年費，就得看個人的使用頻率是否划算了。

飯店的常旅客高卡與航空公司一樣，也是「需要」或「想要」的角力，關於飯店的常旅客會籍的衡量標準，我個人經驗可以濃縮成兩句話：想奢華重點在套房升等，想小資重點在免費早餐。

# 結語　哩程與點數會不會是
下一個虛擬貨幣？

現在「區塊鍊」與「虛擬貨幣」的議題炒得火熱，其實，由航空公司、飯店、租車公司與信用卡架構出的常旅客計畫，堪稱是人類在電腦運算速度還不夠快的時代，所建構出的第1代虛擬貨幣。

顧名思義，常旅客計畫的初衷是為了獎勵固定在同一家航空公司消費的客人，讓旅客培養出忠誠性的消費習慣與行為。最早常旅客計畫的雛形來自於美國西部航空（Western Airlines，現已與達美航空合併）的回饋促銷，乘客搭乘西部航空航班5次，就能獲得1張50元美金的現金抵用券，不過在當時並沒有在市場上造成太大的影響。

## 世界最早的常旅客計畫：美國航空AAdvantage

1979年時，美國航空的高層決定設計一種有別於西部航空的獎勵計畫，隨著深入的市場調查後發現，旅客對「免費兌換」的興趣比「現金折價」要來得高出許多，畢竟機票價格會隨著市場起伏，免費兌換機位相比之下更有獨特性。以免

費取代折價的概念，奠定了日後所有常旅客計畫的基礎，現今幾乎所有的常旅客計畫都採兌換免費機票、免費住宿等免費的獎勵。

70年代美國航空業正處於政府放寬監管、市場迅速發展的時代，航空公司陷入價格戰的泥沼中，但消費者也受惠於航司間的競爭，隨著機票價格下滑，美國家庭旅行的方式也漸從公路旅行演變為航空旅行。有鑒於此，美國航空決定要推出免費獎勵機票與頭等艙升等的回饋機制，一方面鞏固既有的商務旅行客，同時拓展休閒旅行業務。當時美國航空手上有2大會員系統，分別是有6萬名會員的Admirals Club（現在美國航空的機場貴賓室仍使用此一名稱），以及有13萬會員的American Traveler Program。

1981年5月1日，美國航空推出AAdvantage，這也是世界上第一個訂出明確的哩程點數標準與兌換比率的航空公司常旅客計畫。不過當時美國航空擔心市場反彈，因此採取兌換免費機票與票價折扣的雙軌制度。當年的標準以12,000哩兌換單程經濟艙升等頭等艙、20,000哩兌換經濟艙來回機票75折、30,000哩兌換經濟艙來回機票半價優惠、40,000哩兌換25折經濟艙來回機票、50,000哩則可兌換1張免費來回頭等艙機票外加一位同行者升等頭等艙、75,000哩兌換2張來回頭等艙機票。

## 原來大家都愛免費票

　　結果美國航空很快就從數字上發現，會員幾乎都選擇兌換免費獎勵機票，選擇機票折價的會員寥寥可數。原本預期提供免費兌換的成本需要增長25％的業績才能打平，結果在計畫上路1年後，平均每位旅客貢獻的營業額提升了近150％，常旅客計畫的潛力與獎勵機票的吸引力，讓美國航空高層驚呆了，便決定加大吸收更多會員的力道，向美國運通購買客戶名單來進行推廣。

　　美國航空最初採用實際飛行距離的累積模式，頭等艙旅客有125％的獎勵哩程，這也是不同艙等有不同累積率規則的第一家航空公司，當年也訂下了哩程有效期限為12個月，使旅客必須持續搭乘。1982年美國航空與英國航空（British Airways）合作，只需20,000哩就能搭乘英航的協和號客機頭等艙從美國飛往倫敦，現在看來不可思議的兌換好康，可視為後來國際3大航空聯盟的雛形。

　　為了提高會員的使用頻率，美國航空還開創了航空業與其他旅遊業合作的先例，與租車公司Hertz以及Hyatt凱悅酒店集團合作，在凱悅住宿或是在赫茲租車，都能累積哩程。隨後更增加了餐廳用餐、購物、訂閱書報、使用聯名卡消費都能累積哩程。

1 美國航空是第一家推出常旅客計畫的先驅，也建立了現今航空界聯盟、哩程等各項標準。

2 不論是航空、飯店、租車等行業的會員計畫，都出自這位常旅客計畫之父：海爾布萊爾利之手。

3 已有航空公司將哩程的運用融入區塊鍊，朝虛擬貨幣的角度發想，如新加坡航空的Krispay。

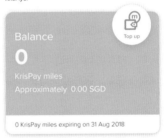

## 哩程／點數之父：海爾布萊爾利

美國航空的常旅客計畫奠定了世界上所有類似計畫的標準，這裡不能不談談此一概念的設計者，是生於1943年的海爾布萊爾利（Hal Brierley），不僅一手打造美國航空的AAdvantage，之後也曾協助聯合航空（United）設計「前程萬里計畫」（Mileage Plus）、「希爾頓榮譽客會」Hilton Honors、「赫茲租車金卡酬賓計畫」Hertz #1 Gold、「凱悅金護照計畫」Hyatt Gold Passport……等將近百家企業的常旅客計畫，可說現今所有的常旅客計畫都有Hal Brierley的影子，稱他為常旅客計畫之父都不為過。

酒店業看到美國航空的大成功，也著手規畫自己的常旅客計畫。世界第一個酒店常旅客計畫「優悅會」（Prioity Club Rewards）由假日酒店（Holiday Inn）於1983年2月推出，當時身為美國品牌的假日酒店尚未被英國六洲集團（洲際酒店集團）合併，優悅會曾在1986年暫停營運，1987年又恢復營運至今。現存歷史最悠久的酒店常旅客計畫則是1983年11月推出的「萬豪禮賞」（Marriott Rewards）。

## 台灣人較為陌生的租車常旅客計畫

在美國另一個常旅客計畫的主要業者是租車業，早在1981年美國航空成立常旅客計畫時，赫茲租車就成為合作

夥伴，但是市場上仍沒有任何一家租車公司設置自家的租車常旅客計畫，直至1987年，國家租車公司（National）推出翡翠俱樂部（Emerald Club），是全球第一個租車常旅客計畫，2007 年國家租車公司賣給企業租車集團控股（Enterprise），集團內有Enterprise Plus與Emerald Club兩個不同的計畫，在彼此的品牌租車都可累積計分。主流的租車常旅客計畫還有安維斯租車（Avis）的優先會員（Avis Preferred）。

　　租車常旅客計畫與其他航空與酒店計畫不太一樣，除了靠消費累積，還有推出付費會員提供附加服務，而付費會員與免費會員的差異為租車升等機率較高，付費會員可享免費保險以及一定範圍內免費接送至指定的租車中心。但正因為租車升等與每一台車的性能與狀況不同，有時候升等到大車但較耗油，未必真的划算。

　　申請租車公司會員累積的點數可以用於兌換下一次的免費租車以及能夠使用專屬租車快速櫃檯，以及免除繁複的文件填寫與確認。這些租車計畫都亦有與主流航空公司會員計畫合作，甚至租車也能累積航空會員哩程。

### 航空業嘗試加入區塊鏈元素

　　常旅客計畫最早的設計是業者為了鞏固消費者忠誠消費的行銷工具，面對競爭業者也紛紛跨界組成一個個小型同

盟，使得累積點數更加有趣與多元，變成了消費者與業者間更緊密的溝通橋樑，以往與消費者黏著度不高的旅行業，藉由常旅客計畫的催化，不但成為新興市場，也把旅行變成生活的一部分，影響所及，從搭機住宿到用餐，甚至日常刷卡消費，常旅客計畫已經默默地融入一般人生活中。

在未來，常旅客計畫是否會加入區塊鏈元素成為另一種虛擬貨幣，其實已經可以預期，其中加拿大的Aeroplan（加拿大航空的哩程計畫，原是獨立公司，現已被加航購回）及新加坡航空都已經開始進行哩程點數區塊鏈化，後者甚至已經推出了Krispay（新航區塊鏈交易App）的服務，不過當中技術仍尚未成熟。

常旅客計畫業者雖然沒有大聲嚷嚷地號稱轉型區塊鏈，或立志成為一種虛擬貨幣，畢竟對航空公司或飯店業者來說，由常旅客計畫產生的顧客忠實度才最重要。但經過多年來的轉化，哩程／點數實質上已經具有虛擬貨幣的特點，像是可以兌換多種產品，從機票、住宿甚至演唱會門票，等於以一種「以物易物」的方式讓點數產生價值。

雖然前景看好，但發行點數的常旅客計畫業者（如航空公司、酒店集團）也強烈限制了持有者之間的交易，使得虛擬貨幣最重要的構成條件：「流通」並不存在。哩程／點數的主導權在於發行者，只要發行者沒有破產或大幅更改兌換比例，常旅客計畫的整體市場就能在發行業者之間的互惠下繼續成

長，但是反之亦然，若是有大企業破產或巨幅貶值，哩程／點數的價值也必將一去不復返。

## 點數堪換直接換

那麼到底搞清楚常旅客計畫的歷史，以及與區塊鍊之間的關係，對一般玩哩程／點數的玩家而言，我們若不是航空公司或連鎖飯店的股東，也非行業內的從業人員，有何理解的必要性呢？

我想說的是，哩程／點數雖具有部分虛擬貨幣的功能，但它終究不是一種貨幣，存著不會生利息，指望未來升值套利就更不實際了（其實不要貶值就不錯了），對玩家而言，設定目標後兌換成機票、住宿省下旅費，就是最重要的心法，無論是你把哩程捐給慈善單位、或用酒店點數兌換香氛組，甚至以信用卡點數換1台除濕機，最終划不划算、值不值得，都取決於自己。

「只要能兌換的點數，就是好點數」。祝福各位在累積點數的路上，能順道享受常旅客計畫所帶來的樂趣與感動。

## ✈ 飛客小工具

★ GCmap – 計算城市與城市之間總飛行的哩程距離,必備。
http://www.gcmap.com

★ Accumiles – 航班對應艙等累積至各家航空會員快速一覽
https://www.accumiles.com

★ LoungeBuddy – 機場貴賓室快速查詢索引(有手機App)
https://www.loungebuddy.com

★ 龍騰出行 – 龍騰卡貴賓室台灣官方網站(有手機App)
https://tw.dragonpass.com.cn

★ Priority Pass – 新貴通貴賓室卡官方網站(有手機App)
https://www.prioritypass.com/zh-TW

★ SeatGuru – 尋找班機上最舒適以及最地雷的座位
https://www.seatguru.com

★ AwardWallet – 管理各種常旅客帳號的工具,連同家人的一起管理
https://www.awardwallet.com

★ AwardAce – 輸入現有哩程以及出發城市後,自動幫你搜尋可以兌換哪
些航班
http://www.awardace.com/

★ TripIt – 非常好用的行程管理工具,綁定Gmail信箱後可設定自動採集
旅遊資訊,手機App也能自動通知
https://www.tripit.com

★ 聯合航空 United Airlines – 查詢星空聯盟獎勵機位的好幫手
https://www.united.com/ual/zh-hk/tw/

★ 全日空 ANA – 查詢星空聯盟獎勵機位與ANA線上開票
https://www.ana.co.jp/zh/tw/

★達美航空 Delta Air Lines – 查詢天合聯盟獎勵機位的好幫手
https://zt.delta.com/apac/zt

★英國航空 British Airways – 查詢寰宇一家獎勵機位的好幫手
https://www.britishairways.com/travel/home/public/zh_tw

★TopCashBack.com – 預定飯店官網必備的返利網，支援 PayPal
https://www.topcashback.com/ref/retonkao

★Ebates.com – 被日本樂天併購，也支援非常多飯店、航空官網、OTA
的好用返利網
https://www.ebates.com/r/RETONG?eeid=28187

★ITA – Google 開發的專頁搜尋查票系統
https://matrix.itasoftware.com

★Google Flight – Google 的服務，乾淨整潔的機票搜尋系統
https://www.google.com/flights/?hl=zh_TW&gl=us

★GateGuru – 好用的機場服務手機 App，也提供機場地圖
http://gateguru.com

★StrollGuam – 關島旅遊必備叫車軟體 http://strollguam.com

★Variflight 飞常准 – 中國開發的行程管理工具，輸入航班資訊用來通知
登機口變更或起降時間非常好用（簡體中文）
https://www.variflight.com

★Airbnb×Delta Air Lines – 達美航空與 Airbnb 累積入口網站
https://www.deltaairbnb.com

★AwardMapper – 兌換免費住宿獎勵的搜尋工具，輸入地點與設定點數
就可查詢目前可兌換的飯店等級
https://awardmapper.com

我的檔案夾 35

# 飛客心法
### 航空評鑑祕密客 28 個私房密技，用哩程／點數飛·住全世界

| | |
|---|---|
| 作者 | 高睿騰（Reton Kao） |
| 文字協力 | 韓嵩齡 |
| 責任編輯 | 韓嵩齡、莊樹穎 |
| 設計 | TODAY STUDIO |
| 行銷企劃 | 洪于茹 |
| 出版者 | 寫樂文化有限公司 |
| 創辦人 | 韓嵩齡、詹仁雄 |
| 發行人兼總編輯 | 韓嵩齡 |
| 發行業務 | 蕭星貞 |
| 發行地址 | 106 台北市大安區光復南路 202 號 10 樓之 5 |
| 電話 | (02) 6617-5759 |
| 傳真 | (02) 2701-7086 |
| 劃撥帳號 | 50281463 |
| 讀者服務信箱 | soulerbook@gmail.com |
| 總經銷 | 時報文化出版企業股份有限公司 |
| 公司地址 | 台北市和平西路三段 240 號 5 樓 |
| 電話 | (02) 2306-6600 |

本書部分圖片來源：地圖資料 ©2018 Google ／ P135（上）日本航空提供／
P142 芬蘭航空提供／ P191（上）使用維基百科

第一版第一刷 2018 年 9 月 5 日
第一版第二刷 2018 年 11 月 23 日
ISBN 978-986-95611-7-4

國家圖書館出版品預行編目（CIP）資料

飛客心法 / 高睿騰著. -- 第一版. -- 臺北市：寫樂文化，
2018.09　192面；15×21公分. --（我的檔案夾；35）
ISBN 978-986-95611-7-4（平裝）　1.信用卡 2.理財
563.146　　　　　　　　　　　　　07014556